造梦者
雷军商传

赵文锴 / 著

台海出版社

图书在版编目（CIP）数据

造梦者：雷军商传 / 赵文锴著． — 北京：台海出版社，2018.6

ISBN 978-7-5168-1929-6

Ⅰ．①造… Ⅱ．①赵… Ⅲ．①雷军－传记 Ⅳ．①K825.38

中国版本图书馆CIP数据核字(2018)第110994号

造梦者：雷军商传

著　　者：赵文锴	
责任编辑：姚红梅	装帧设计：鸿蒙诚品
版式设计：鸿蒙诚品	责任印制：蔡　旭

出版发行：台海出版社

地　　址：北京市东城区景山东街20号　　邮政编码：100009

电　　话：010－64041652（发行，邮购）

传　　真：010－84045799（总编室）

网　　址：www.taimeng.org.cn/thcbs/default.htm

E-mail：thcbs@126.com

经　　销：全国各地新华书店

印　　刷：三河市华晨印务有限公司

本书如有破损、缺页、装订错误，请与本社联系调换

开　　本：710mm×1000mm　　　　1/16

字　　数：208千字　　　　　　　　印　张：15.25

版　　次：2018年10月第1版　　　　印　次：2018年10月第1次印刷

书　　号：978-7-5168-1929-6

定　　价：49.80 元

版权所有　　翻印必究

序 一

人，因梦想而伟大

作为一位极富传奇色彩的企业家和投资人，雷军一直是人们关注的焦点人物。他是一个极具大智慧的布局者，更是一个为梦想而战的"朝圣者"。

大学时代，他既是学霸、编程高手，也是学以致用的积极实践者。

青年时代，他锁定"金山"，鞠躬尽瘁。如果说，求伯君是金山的WPS时代，那么他则是整个金山。

中年时代，他变身天使投资人，领悟"顺势而为"，乘着互联网的风口，书写了"小米奇迹"。

雷军是一个务实的理想主义者。"小米"之于雷军，就是一个终极梦想，但更像是重生之路。有一篇题为《鹰的重生》的文章，里面写道："鹰是世界上寿命最长的鸟类，它一生的年龄可达70岁。但是到40岁的时候，它的喙变得又长又弯，几乎碰到胸脯；它的爪子开始老化，无法有效地捕捉猎物；它的羽毛长得又浓又厚，翅膀变得十分沉重，使得飞翔十分吃力。这时，它面临两个选择：要么等死，要么重生。但重生是一个非常艰难痛苦的漫长过程。它必

造梦者：雷军商传

须很努力地飞到山顶，在悬崖上筑巢，并停留在那里，不得飞翔。它首先要用喙击打岩石，直到其完全脱落，然后静静地等待新的喙长出来。然后，它会用新长出的喙把爪子上老化的趾甲一根一根拔掉，鲜血一滴滴洒落。当新的趾甲长出来后，它便用新的趾甲把身上的羽毛一根一根拔掉。整个过程长达 150 天。当这个蜕变的过程完成后，它就会成为天空的真正王者，再叱咤风云 30 年。"

所有的伟大都是熬出来的，尤其是重生者，更值得尊敬。雷军借助小米实现梦想，获得人生的重生，实现生命的价值。他在商业的道路上走出了极致的五彩斑斓。

执着的追梦人

"这是我人生中最后一件事，干完拉倒！"这是雷军创办小米科技时说的话，很有破釜沉舟、决绝果断、大干一场的气势。为了梦想，已经年逾不惑的雷军，毅然走上了崎岖不平、艰难痛苦的创业之路。

其实，在创办小米前，雷军已经是亿万富豪，完全没有必要再受创业的折磨，因为谁都知道，创业的路，不好走。

雷军总是说，自己的一生与"一本书"有关，这本书叫作《硅谷之火》。读完这本书，雷军有了一个梦想，希望自己有朝一日能像乔布斯一样"创立一家世界一流的公司"。从某种意义上来说，小米就是雷军梦想的载体和延续。

为了自己的梦想，追逐着心灵的呼唤，雷军义无反顾地踏上了征程。

规则的颠覆者

用互联网的方式做手机，彻底颠覆传统手机行业，并获得巨大的成功，使小米成为互联网手机第一品牌，这是雷军的成就。

在手机界有这样一句话：如果不是小米，我们根本不可能用上价格便宜性能又高的智能手机,是小米把国外智能手机如三星、苹果的价格拉了下来。虽然这句话有些绝对了,但不可否认,雷军利用互联网,打破了智能手机高价的壁垒,颠覆了手机市场的规则。而且,通过小米生态链,给许多传统行业带来了颠覆性的影响。

誓言要做"科技界无印良品"的雷军,像是一个对一切挑战都无所畏惧的勇士一般,勇敢地挑战任何领域的任何产品。不得不说,雷军是第一个以互联网思维升级改造传统行业的人。虽然现在互联网的线上发展遇到了天花板,人们大力开拓线下,但雷军阶段性的颠覆,推动了社会经济的发展。

拼命努力的奋斗者

雷军最让人尊敬的地方在于,他已经非常优秀,而且身价不菲,但还在拼命地努力。"雷军每天工作十五六个小时,每周工作六到七天,很少有人能像他那样劳模了。每天这么高强度的工作,一定需要巨大的信念支撑。"小米联合创始人、小米电视剧掌舵人王川如此评价雷军。

"我们老板可以不吃饭不睡觉。"曾经有小米员工开玩笑说。很多曾在小米当过员工的人都表示,在凌晨两三点时,还能看到雷军的司机在楼下等着。

比你优秀的人不可怕,可怕的是比你优秀的人比你更努力。雷军就是一个非常优秀,而且更努力的人。

坚韧的逆袭者

"逆袭"是雷军的另一个标签,这是对坚忍不拔、勤奋努力、追梦不息之人的奖赏。从开发"盘古"遭遇滑铁卢,到金山重新崛起上市;从第一次黯然离开金山,到再度归来重掌金山;从小米跌入低谷,到小米重新焕发生机,雷军一路踩着逆袭的光芒前行。

造梦者：雷军商传

在创业的道路上，更多的是失败，能跌倒再爬起来，没有大毅力、大勇气很难做到。因为，不管是谁，倒下的时候都是撑到极限后的不得已而为之，不管是资金、运营，还是精力，都达到了崩溃的地步，受到了"重创"。这种情况下还能东山再起，实属不易。

所以，当雷军在2017年手机业务誓师大会上说"世界上没有任何一家手机公司，销量下滑之后能够成功逆转，除了小米"时，既是劫后余生的感慨，更是一种不服输、坚持到底的自信。

卓越的领导者

管理大师菲尔德说：领导者必须具有前瞻的想法，主动地创造企业的未来，勇于破坏秩序、挑战现状。未来是不确定的，企业领导者的领导力需要靠个人的直觉、洞察来决定企业的方向。

在小米，雷军就是方向！

从掌管金山公司开始，雷军就真正进入了领导者的角色。随后，他敏锐地抓住互联网的风口，创办了小米，铸就了一段传奇！

在企业管理方面，雷军奉行的策略是："管自己以身作则，管团队将心比心，管业务身先士卒。"小米公司的日常管理不严，但工作压力不小。作为领导者，雷军以身作则，整天拼命地努力工作，那么员工怎么好意思松懈！

还有员工持股、极度扁平化等都是雷军管理小米的特色，这些都是雷军管理智慧的高度体现。

可爱的亲民者

网上曾经有一个评论，那个人说他买小米手机，一半是看性价比，另一半是看可爱的雷老板。

序　言

雷军似乎经常是微笑着的，给人喜庆的感觉，很亲民，很少有板着脸的时候，当然，"看周鸿祎"的那张照片除外。

小米在印度首都新德里发布新品小米4i的时候，雷军出席了发布会。为博得印度人民的好感，雷军故意在发布会上大说"蹩脚"的英文，引得现场观众笑喷，场面十分有趣。

觉得不好意思的雷军，在接受采访的时候说："英语太差，让母校蒙羞了。"

对于雷军在发布会上的表现，新东方创始人俞敏洪曾调侃说："换成我，打死也不上台。"

确实，作为一个企业最高领导者，这显得很不严肃。但是，这又何尝不是真性情、率真的表现？同时，通过这种亲民的方式，小米手机更容易获得消费者的好感。

本书没有为雷军歌功颂德，而是以日记的形式真实地叙述了雷军在金山的经历，以及经营小米的过程。其中，有雷军取得的辉煌成就，也有他所犯的错误和处于低谷时所面临的困境，以及他努力抗争的倔强。

通过阅读本书，读者能够透视雷军，反思自己，从而在前进的道路上，寻找到正确的策略和方向，坚持的勇气和决心。

序 二

雷军给了小米什么

在跌宕起伏的商业大潮中,小米走过了一个轮回!

2010年,雷军和其他6位联合创始人成立了小米公司。经过短短4年的发展,小米就成了估值450亿美元的独角兽,坐上了国内手机销量第一的宝座,可谓是奇迹中的奇迹。然而,好景不长,盛极而衰,2015年后的两年时间,小米跌入了低谷,主打产品手机销量跌出了前五名,估值下降到了40亿美元。

一时之间,各种质疑的声音满天飞:

当风口消失了,猪还怎么飞?

"小米模式"玩不转了?

曾经的颠覆者,为何被颠覆?

下一个倒下的会不会是小米?

……

从天堂掉到地狱的距离是如此之短!

造梦者：雷军商传

不服输的雷军带领小米开始了"回归初心"和"补课"之旅。通过整合供应链、扩充生态链、深耕线下、加大研发投入、开拓国际市场，2017 年第二季度，小米止跌回升，手机出货量达到 2316 万部，环比增长 70%。这也是自成立以来，小米手机单季出货量的最高纪录。

终于，小米挺过了最艰难的时刻！

2018 年，小米开始了上市的旅程。这个超级"独角兽"向着更高峰不断攀登。

其实，早在 2017 年 1 月份的年会上，雷军就说过："最坏的时候已经过去了。用技术创新和产品说话，我们去年比前年强大，今年肯定比去年更强大！"

雷军到底给了小米什么，能让小米具有如此强大的生命力和爆发力？

首先，他给小米"找到最肥的市场"，并"顺势而为"。

作为互联网最重要的入口和人们最依赖的工具，手机具有特殊的地位和无穷的潜力。雷军就是看准手机这个"最肥的市场"，借助互联网的大势，从看似厚实坚硬的行业壁垒上找到了裂缝，果断出击，在极短的时间内把裂缝拓展成了金碧辉煌的大门。

其次，他为小米打造了独特的运营模式。

高性价比、服务体验、营销是小米运营模式最独特的三个点。

"零库存供应链"是小米高性价比的最大秘密。用户在网上下单，小米由此获得市场需求，然后通过供应链采购所需的零部件，最后再外包生产。这是一种"按需定制"的模式，极大地降低了成本。

可以说，在商业模式上，手机销售"去中间化"的巨大红利被小米最早抢到了。那个时候，渠道是大部分传统手机商的最大依仗，而小米则反其道而行之，去掉中间渠道，让利给用户。

在服务体验方面，小米通过制造"参与感"，让用户自定义手机。软件是

序　言

小米的最强项，其MIUI（米柚）系统被国内业界公认为目前最好的应用层操作系统之一。

MIUI是开放的，通过MIUI论坛，用户随时可以跟踪小米手机的开发过程，提出对产品的修改意见。只要确认所提意见是正确的，就会被小米开发团队所采纳。这极大地调动了用户的兴趣和热情。

在营销方面，小米并没有开发和建立传统的3C卖场和专卖店渠道，而只是使用了线上渠道和运营商渠道。同时，通过MIUI论坛、微博等途径进行大规模的网络宣传，并重点对发烧友级别的用户进行突破，培养了大批粉丝，成功实现口碑营销，避免了电视广告、路牌广告等"烧钱"式营销。

最后，他给了小米新的基因——新零售。

随着手机线上市场逐渐饱和，遭遇瓶颈，雷军通过新零售来突破小米的困局。雷军说，小米是手机公司，也是移动互联网公司，更是新零售公司。

在雷军看来，新零售就是通过线上线下互动融合的运营方式，将电商的经验和优势发挥到实体零售中，改善购物体验，提升流通效率，将质高价优、货真价实的产品卖到消费者手里，以此实现消费升级。

小米新零售的核心是其自有的线下渠道小米之家。雷军把希望寄托到了小米之家上。他在2017年年初表示，未来3年，小米要开1000家小米之家旗舰店。

小米在路上，雷军的征程还很长。

目 录
CONTENTS

引子　/ 001

PART 1

红色笔记——雷布斯，颠覆者的超级名片

第1章　雷军的"金山时代"　/ 005

勤奋的技术天才　/ 006

人生转折点：遇到求伯君　/ 014

加盟金山，兵败"盘古"　/ 016

转型，重新崛起　/ 018

雷军担任金山总经理　/ 024

历经曲折，金山终于成功上市 / 028

从功成身退，到王者归来 / 030

第 2 章　做天使投资人的那些年 / 033

专心做"天使投资人" / 034

标尺：雷军如何选择投资项目 / 037

雷军的好"孩子"卓越网 / 040

欢聚时代——雷军投资的首家上市公司 / 044

投资 UC 优视，增值 1000 倍 / 047

凡客诚品：从"最成功的投资"到"人生最倒霉的事" / 048

"全中国都是雷军的试验田" / 051

第 3 章　"小米"的速度与激情 / 055

站在风口上，创办小米 / 056

三轮融资，备足冲锋的弹药 / 058

米聊：起个大早，赶个晚集 / 061

小米手机上演"超级大片" / 064

小米的"铁人三项" / 067

雷军与互联网大佬的恩怨情仇 / 070

以颠覆著称的小米模式 / 075

风口浪尖上的质疑 / 078

产品多元化，构建生态链 / 081

估值 450 亿美元，雷军走向巅峰 / 087

目录

第4章 雷军的互联网思维 / 091

用户思维：一切以用户为中心 / 092

因为米粉，所以小米 / 095

"痛点"是小米创新的源泉 / 098

专注于一点，才会有火花 / 100

口碑，口碑，还是口碑 / 102

参与感的"三三法则" / 105

实行"扁平化"管理 / 108

PART 2

黑色笔记——走得太快，"小米模式"失灵

第5章 "启蒙红利"吃完，陷入肉搏苦战 / 115

小米跌下神坛，遭遇"滑铁卢" / 116

"小米模式"被模仿，失去独特性 / 118

"互联网+"的红利正在消失 / 120

"饥饿营销"让客户产生反感心理 / 123

第6章 渠道之困：从线上到线下转移 / 125

转化率降低，线上渠道受阻 / 126

供应链问题重重，产能受到制约 / 128

售后是软肋，常让小米打趔趄 / 131

华为、vivo 和 OPPO 对小米的挤压　/ 134

第 7 章　品牌之痛，"小米"成为"大米"很困难　/ 137

品牌定位：曾经的辉煌成了最大障碍　/ 138

从发烧友群体向大众群体切换失误　/ 140

冒进思维，让小米品牌受损　/ 143

第 8 章　清场思维：我们不是来竞争的，我们是来清场的　/ 145

低价竞争的严重后遗症　/ 146

小米模式就是"拉仇恨"的　/ 148

消费升级让"清场思维"受到冲击　/ 151

第 9 章　多元化，让雷军横竖不舒服　/ 155

雷军推动小米多元化的逻辑　/ 156

"小米雷军"退回到了"金山雷军"　/ 158

基石不稳的多元化，有点操之过急　/ 160

第 10 章　错过了上市和国际扩张的好机会　/ 163

小米不上市，雷军给出的理由　/ 164

独角兽贬值，小米错过最佳上市期　/ 168

错过国际扩张的好机会，只能苦苦追赶　/ 169

进军巴西受挫，铩羽而归　/ 171

负责全球业务拓展的副总裁辞职的背后　/ 174

专利的尴尬：只能打"擦边球"，无法正式参赛　/ 176

目录

PART 3
绿色笔记——沦为平庸，还是重新崛起

第 11 章 找回初心，积极补课 / **181**

雷军关键词：迷茫 / 182

回归初心、感动人心，把用户当朋友 / 185

小米最需要的是补课 / 188

第 12 章 加大核心技术研发，探索黑科技 / **193**

自主研发芯片松果"澎湃 S1" / 194

大肆购买专利，为"走出去"护航 / 197

持续加大技术研发的投入 / 199

在人工智能上下功夫 / 202

第 13 章 线下发力，扩充"小米之家" / **207**

下大力气扩充"小米之家" / 208

雷军的新零售模式 / 212

小米"小目标"：出货量 1 个亿 / 216

"米家有品"：发力线下，充实线上 / 218

引子

2017 年 2 月 24 日

今天,小米公司发布了《小米应用商店 2016 年度报告》。对于雷军来说,这也许只是例行公事,但充满苦涩。

该报告指出,截至 2016 年底,小米应用商店分发量突破 750 亿,每个用户安装 78 款应用,每天打开 14 款应用。

但是,有一点很奇怪,一向非常高调的小米并没有公布 2016 年的销售额。要知道,小米非常重视营销宣传,只要公司取得好的成绩从不会藏着掖着。于是,许多媒体都纷纷用"滑铁卢"一词来形容小米的 2016 年,而雷军也表示,小米 2016 年的手机出货量并没有达到 2015 年的水平。

在小米的发展过程中,爆炸性的增长和销量纪录是其最鲜明的标签,尤其是在 2012 ~ 2014 年,每年都有非常巨大的增长,并迅速占据了全国第一的位置。小米 2012 年的手机出货量为 719 万部,销售额 126 亿元;2013 年出货量为 1870 万部,销售额 316 亿元;2014 年出货量为 6112 万部,销售额 743 亿元。

然而，到了 2015 年，小米的增长速度逐渐减缓，小米没有给出具体的出货量，只是笼统地说超 7000 万部，销售额 780 亿元，同比增长只有 5%。对于一向以增长速度著称的小米而言，这简直就是惨败。到了 2016 年，小米的出货量和销售额都没有公布，难怪媒体要用"滑铁卢"来形容它。

小米没好意思展示自己的业绩，但腾讯却发布了一份《2016 国产手机行业报告》，据报告显示，2016 年国内手机市场份额发生了非常大的变化。其中，OPPO 和 vivo 强势崛起，成为行业内的两匹"黑马"，OPPO 以 16.8% 的市场份额夺得第一名，把前"一哥"华为赶下了宝座。vivo 位居第三位，占有 14.8% 的市场份额。

不可一世的苹果排在第四位，仅剩 9.6% 的份额。而三星的份额更是惨跌，被归类到"其他"之中了。小米仅以 8.9% 的份额排在第五位。

从第一跌落到第五，这是一种怎样的自由落体运动，简直是断崖式的暴跌。于是，"小米距离破产不远了""小米什么时候倒闭""雷军还能撑多久"等言论满天飞。人们纷纷发出疑问：

曾经光芒万丈的小米到底怎么了？

"小米模式"为什么玩不转了？

难道心高气傲、才华横溢的雷军江郎才尽了？

曾经的颠覆者，为何被颠覆？

……

对于小米的现状，雷军给出的答案是小米跑得太快了，提前透支了一部分成长性。确实，这是一个原因，刚开始创业是最难的，但对雷军来说则不是，他的创业太顺利了。众所周知，雷军开了一个好头，小米 1 一诞生，就伴随着耀眼的销量和曝光度。

其实，任何问题的出现，其原因都不是单一的，会有很多深层次的方面，小米也一样。我们就从雷军的初始来探寻小米之谜吧。

PART 1

红色笔记——雷布斯,颠覆者的超级名片

雷军被称为中国的乔布斯——雷布斯。他是"颠覆者"的代名词。他打造的小米模式所向披靡，推倒了国外大品牌手机铸就的墙，颠覆了智能手机行业的规则，让用户用低价享受到了高品质的产品。这是一个充满激情和梦想，坎坷和痛苦的过程，雷军走出了一段传奇。

雷军的心路，就是这个时代有梦想之人的心路；

雷军的痛苦，就是这个时代有梦想之人的痛苦；

雷军的脚步，就是这个时代有梦想之人的脚步。

第1章

雷军的"金山时代"

　　金山公司是雷军的第一个主战场。从认识求伯君开始,雷军就与金山结下了不解之缘,开始了其16年的奋斗历程。经过五次努力,雷军终于带领金山成功上市,为自己的"金山时代"画上了一个完美的句号。

勤奋的技术天才

1987 年

这一年，雷军考入了武汉大学计算机系。

许多人对于雷军的了解，始于小米公司。可以说，雷军造就了小米，但并非小米造就了雷军。

雷军 1969 年 12 月出生于湖北仙桃。从小他就是一个学霸，是一个天才少年。高考的时候，他的成绩完全可以上清华、北大，但他却选择了武汉大学计算机系。也许，冥冥之中，IT 与他有着很深的缘分。

武汉大学是国内最早一批实行学分制的大学，雷军用两年时间就修完了整个大学生涯所需的学分。而且，他还在完成学分时，把大学的毕业设计也给做完了。他对自己的大学生活如此评价："没有虚度光阴""席卷了武汉大学的所有奖学金"。他先后获得过"挑战者"大学生科研成果三等奖、湖北大学生科研成果一等奖。武汉大学计算机系的"汇编语言程序设计"课程极少有人能得满分，而雷军就获得了满分。这一切，除了聪明，更多的是他勤奋的结果。

第1章 雷军的"金山时代"

鲁迅先生曾经说过:"哪里有天才,我是把别人喝咖啡的时间都用在写作上的。"雷军几乎把全部的时间都用在了学习上。他每天都会很早去教室占座位,以便选择最佳的位置听课;虽然他很喜欢周末看电影,但往往是看晚场,因为晚上9点前他要上晚自习学习;他本来有午睡的习惯,但为了学习,硬是把这个习惯改了。

雷军酷爱编写程序,但当时电脑很少,进入学校的机房需要提前一个小时去排队。特别是在冬天,没有暖气,非常冷,而且进机房必须穿拖鞋,机房旁边就是一个风口,在那里穿拖鞋站上一个小时能把人冻得直打哆嗦,但雷军却乐此不疲,只要有机会就往机房里面跑。

在学校期间,雷军读到了一本名为《硅谷之火》的书。这本书的内容讲述了PC时代到来时,乔布斯和其他硅谷精英创业的历程。雷军看完之后,"在学校操场里一遍遍地走,久久难以抑制内心的激动"。从那时起,雷军确立了自己的目标——写一套软件运行在全世界每台电脑上;办一家全世界最牛的软件公司。这些目标激励他不断地奋斗,坚持努力,实现自己的梦想。

用两年时间就修完学业的雷军,有了更多的时间来做自己喜欢的事情。于是,他开始尝试编写各种软件,比如加密软件、杀毒软件、CAD软件等等。在这个过程中,雷军展现出了强大的能力。

做出加密软件Bitlok

1989年3月,雷军认识了校友王全国。王全国比雷军高三级,毕业后留校了,在一家校办电脑公司里负责技术支持。由于志趣相投,他们很快便成了要好的朋友。

对于如何与雷军相识,王全国这样说:"在1989年前后,并没有软件流通的正规体系,没有互联网,所以大家就一起交流各自手里有的软件。那时候我是那儿各种软件的集散地,我手里的软件是最多的。雷军也喜欢软件,我们就经常交换，所以自然而然就认识了，并且特别熟。我记得我们是1989年的二三月份认识的，然后在一起沟通特别多，后来我们就一起合作开始写软件了。当时感觉这个同学特别活跃，也特别好学。"

当时，由于软件复制成本很低，法律不健全，盗版十分厉害，想要通过开发软件赚钱，就必须加密，防止被拷贝。雷军和王全国决定联合开发一款加密软件。

在这段合作的过程中，工作量很大，非常辛苦，通常每天都要从早晨工作到深夜二三点。如果实在太累了，他们就合衣躺在沙发上休息。半个月下来，两个人瘦了一大圈，脏衣服也累积了一大堆。在这半个月内，他们完成了软件的所有编码、测试、界面设计以及说明书撰写等工作。

软件做完后，他们非常激动，觉得应该为这个开发组和软件取个响亮上口的好名字。当时，电影《神秘的黄玫瑰》正在热映，这是说一个除暴安良的神秘人物的故事，而他们做加密软件就是为了扼制盗版，所以借助这个故事，开发组取名"黄玫瑰小组"，软件取名Bitlok，版本号设定为0.99，因为这个产品与真正好的版本还有一定的差距。

于是，加密软件Bitlok0.99就诞生了。

Bitlok0.99非常成功，很快获得了极大的赞誉，成了国内几个著名的加密软件之一。这是雷军的第一个商业软件，也是他的成名作。

研发杀毒软件《免疫90》

1989年底，国内出现的计算机病毒引起了雷军的兴趣。作为计算机发烧友，任何关于计算机的新事物都会吸引他，而且当时学校机房也遇到了病毒的问题，于是他和同学冯志宏合作开发出了《免疫90》杀毒软件。

这款软件非常厉害，可以检查和破解当时所能够发现的任何病毒，而且，它的样本库还能升级，用户可以用文本的方式增加病毒库，同时能够在英文环境下英文显示或在中文环境下中文显示。这些功能现在看来很普通,但在当时,堪称杰作。

《免疫90》的零售价为260元,推向市场之后仅在武汉就卖出了几十套,雷军因此赚了不少钱。在老师的推荐下,这款杀毒软件获得了湖北省大学生科技成果一等奖。

1990年,随着计算机防病毒市场的逐渐启动,公安部也介入了进来,开始进行反病毒软件的研发和产品管理。当时,由于雷军在计算机病毒防护领域有一定的名气,于是湖北省公安厅就专门请他前去讲课,讲计算机反病毒技术。在这个过程中还有个小插曲:雷军讲课前准备了好几页讲解稿,计划讲两个小时。没想到,他上去只用了15分钟就念完了讲稿,然后不知该讲些什么。尴尬之余,他只好把那份讲稿又从头念了一遍。而现在,雷军早已经成了一个能够在各种场合侃侃而谈的企业领导者。雷军的语言表达能力并非天生很好,但是,他用优秀的学习能力和不懈的努力逐渐弥补了自己的这一短板。

《免疫90》获得成功之后,雷军打算做硬件防病毒卡,但没想到华星防病毒卡抢在他的前面上市了。经过综合考虑之后,最终雷军决定停止了《免疫90》的升级服务。对此,他后来说:"因为当时市场没有吸纳能力,很快我们就放弃了。我当时认为不是第一个做出来的就没有市场,时隔这么多年,我才知道别人做出来了,并不意味着自己不能做。我错过了这次机会。"

解密 WPS

1988年的春天,有一个名叫求伯君的程序员,在深圳蔡屋围酒店501房间孤身奋战了几个月,终于在386计算机上写出了WPS1.0。这款10万行汇编语言代码的软件,开创了中文汉字处理时代。

当时,电脑才刚刚进入中国,操作界面非常复杂的DOS系统让许多人都很头疼。为了解决这个问题,方便中国人操作,很多人都开始努力研究和开发汉字处理软件，而求伯君则取得了突破性的进展，编写出了 WPS。

与此前的汉字处理工具完全不同，WPS 创造性地支持操作者直接在 PC 端进行文字处理。这是一个突破性的改进。1989 年，WPS 凭借独一无二的优势撼动了整个行业，在金山公司没有为此投入一分钱广告费的情况下横扫了汉卡市场，不到一年的时间就几乎达到了垄断的地步，跃居为当时的行业霸主。

汉卡是一种硬件卡，插在电脑的储存槽中，因为早期的电脑配置较低，运行汉字系统会有困难，就需要一块专门的硬件来管理汉字程序，因此，当时的电脑必须要有汉卡才能运行汉字系统。

当时，不少人都曾调侃："我学电脑就是从 WPS 开始的。""我的毕业论文就是用 WPS 打的。""我的媳妇就是我在培训 WPS 的过程中认识的。""金山最需要的不是管理人才，也不是战略规划人才，而是数钱高手。"

"WPS 之父"求伯君被当成神一样的人物，拥有无数粉丝，而雷军就是其中一员。

1990 年，当雷军首次见到 WPS 之时，一打开界面就惊叹不已。他当时认为，国内是很难开发出这样的产品的。所以，他对 WPS 的开发者求伯君仰慕至极。

由于当时的电脑存储和运算能力非常有限，WPS 软件无法在电脑上独立运行，需要一块非常昂贵的汉卡来支持。求知欲非常强烈的雷军特别想买一套 WPS 软件，但买一套需要 2000 多元，这在当时是一个天文数字。无奈之余，他决定解密 WPS，并把它移植到普通电脑上直接使用。这是一件非常困难的事情，他用了两周时间，而且还经常熬夜才终于完成了。

在使用 WPS 的过程中，雷军又在原来的基础上做了一些增强和完善，不少人觉得很好用。于是，雷军解密的 WPS 版本成了当时国内最流行的 WPS 版本。由于这个渊源，雷军后来认识了求伯君。从最初的仰慕到后来的相识，再到最后的并肩作战，也许冥冥之中，早有一种神奇的力量决定了他们的相遇相知。关于求伯君，后面会有详细的讲述。

第1章 雷军的"金山时代"

在成功破解过多款软件之后,雷军的名气越来越大,逐渐成了当时圈子里面的解密"大神"。

合伙创办三色公司

在大三暑假期间,雷军遇到了一件事。王全国的两个朋友想创业,有意邀请雷军和王全国入伙。他们当时就协商,雷军和王全国负责技术和服务,王全国的两个朋友负责市场销售,股份四个人平分。对于自己的技术,雷军和王全国那可是相当自信,而且王全国的朋友也对自己的销售能力很有信心,于是四个人一拍即合,很快就达成一致了。

他们为公司取名为"三色"(Sunsir),其意是希望红、绿、蓝三原色创造七彩的新世界,放飞创业的梦想。虽然信心十足,摩拳擦掌,但事实上他们几个人都没有经营公司的经验,也没有多少资金,只是凭着一腔热血,准备大干一场,所以开场并不顺利,最后还是雷军帮公司拿了第一张订单赚了几千元,公司才开始启动了。

他们白天跑市场销售,晚上回来进行开发,整天都非常忙碌。对于他们而言,初次创业,什么也不懂,都是摸着石头过河,也没有非常明确的产品定位,什么赚钱就做什么。而且年轻人比较冲动,想迅速做大,三色公司的人最多的时候达到了14个。然而,折腾了一番并没有赚到多少钱。后来,他们找了一个方向,做仿制汉卡。

汉卡是大家熟知的传奇人物史玉柱研发出来的,他研发汉卡的过程充满了曲折和敢于背水一战的勇气。

当时,史玉柱没有钱买电脑,只能在深圳大学的机房里"蹭"机器,编写程序。后来,被机房管理员发现,无法再进行下去。不得已,他通过熟人找到配置有计算机的学校办公室,在别人下班不使用电脑的时候自己再用。

在这种条件下,经过近一个月的艰苦努力,史玉柱研发出了汉卡M-6401。

虽然有了产品,但如何卖出去是个很大的问题。于是,史玉柱联合了另外三个伙伴钱宇、姜巨满、蔡玮，用自己仅有的4000元钱，承包了深圳大学科技工贸公司电脑服务部。

可是，公司没有电脑开展工作。史玉柱想出一个办法，找一家销售电脑的公司去谈，愿意出9500元购买对方一台售价为8500元的电脑，但是有个条件，购买电脑的款项延期半个月支付。最终对方答应了。

拿到电脑后，打广告成了当务之急。史玉柱仍旧使用了买电脑的办法：延期付款。他在《计算机世界》上刊登了一则半版广告，只有一行大字："M-6401，历史性的突破。"而广告费则是在半个月之后支付。

这需要巨大的勇气，如果半个月内汉卡卖不出去，史玉柱将陷入困境，也许只能去打工还债了。

幸运的是，在第13天，史玉柱终于收到两张订单，有近两万元的收入。这笔钱虽然很少，但可以说是史玉柱的"第一桶金"。史玉柱挺过了最初的艰难。由于解决了市场用户的"痛点"，汉卡M-6401迅速火爆了起来。

雷军他们的三色公司就是仿制史玉柱的汉卡。

但是，没过多久，三色公司仿制汉卡的技术就被别人盗用了，这有点"黑吃黑"的感觉。盗用者在他们的基础上做同样的事情，但量比他们大，一次做500块汉卡，一块卖200元，比三色公司的便宜，因此，三色公司并没有挣到多少钱，难以为继。

同时，由于四个人所占的股份相同，谁当董事长，谁当总经理，谁说了算成为一个让人头痛的事情。几个人经常为了这个事情开会扯皮。

经过深思熟虑之后，雷军和王全国退出了公司。虽然这次创业时间不长，只有半年多，但让雷军对创业有了最为深切的体验和感悟。

在武汉电子一条街"闯江湖"

在上大学期间，除了学习、编程序，雷军最喜欢去武汉电子一条街。

武汉电子一条街被称为武汉的"中关村"，是在"学海淀经验，建武汉硅谷，

第1章 雷军的"金山时代"

北有中关村,南有广阜屯"的思路指导下建起来的。这条街距离武汉大学步行有几十分钟的路程,拥有数百家大大小小的电脑公司,以及大批的IT创业者。雷军只要有时间就往这里跑,他觉得校外的世界更精彩,舞台更广阔。

经常去武汉电子一条街,雷军称自己是在"闯江湖"。他当时的"装备"非常简单:一辆破旧的自行车,一个破包。包里装着磁盘、资料和编程书。有了这些宝贝,他就可以随时随地帮助别人修理电脑,并与那些电脑高手交流经验。

刚开始,雷军经常去电子一条街主要是为了"蹭电脑"。雷军认识了一个电脑工程师,他们公司有不少样机和展示机,雷军就打着帮忙和兼职的幌子来接触电脑,有时帮他们解决一些技术问题。最初,雷军并没有工资,公司只管吃饭;后来,随着公司业务量的增加,他才逐渐能够获得一些报酬。

由于雷军的电脑知识很丰富,而且动手能力也很强,经常帮助电子一条街上的人解决一些难题,于是那里的很多老板都认识他,有时还请他吃饭。就这样,雷军渐渐地在这条街上混熟了,成了这条街上的名人。

大学期间就主动接触社会,让雷军不但积累了人脉、增长了知识,还学会了很多为人处事的方法。与其他同龄人相比,雷军显得更加成熟。后来,他这样评价自己在电子一条街上的经历:"早接触社会对大学生来说就是离成功早近一步。如果不是醒悟得早,就按照学校的常规生活,我肯定走不到今天。"

人生转折点：遇到求伯君

1991年11月4日

今天，雷军遇到了人生的贵人求伯君，精彩的帷幕逐渐拉开。

1991年7月，雷军大学毕业，被分配到了北京近郊的一个研究所。虽然在研究所上班拿到的工资并不低，但雷军总是无法安心，因为他的工作兴趣不在研究所。于是，下班时间，雷军便去与中关村的"大腕"们打交道。

1991年11月4日，在举办的一个计算机展览会上，经朋友介绍，雷军见到了仰慕已久的求伯君。雷军递给求伯君一张只印了人名和呼机号码的名片，而求伯君递给雷军的名片上面赫然印着"香港金山副总裁"。求伯君给雷军留下了深刻的第一印象：相貌英俊，全身名牌，光彩照人。这让雷军感觉自己就像一个来到城市里的乡下孩子。

当时的雷军真是有些被震撼了，他觉得只有像求伯君那样才是真正的成功者。

求伯君确实是一个非常成功的人，他的才华毋庸置疑，他编写出的WPS软件创造了那个时代的奇迹，而这个奇迹成了当时无数人竞相追赶的目标。

面对这由10万行汇编语言代码编写的犹如神作一样的软件，每一个在WPS面前不肯服输的高手都不得不对求伯君产生敬佩，而雷军就是其中的一个。现在，见到了自己仰慕的偶像，雷军当然非常激动和震撼了。

第1章 雷军的"金山时代"

后来，另外一个朋友又给雷军介绍了求伯君，于是有了两个人的第二次见面。求伯君在北京大学南门的全聚德烤鸭店请雷军吃烤鸭。吃饭期间，求伯君邀请雷军来金山公司工作，雷军并没有立刻答应下来。最后，求伯君对雷军说："你想一想，明天中午到燕山酒店来找我。"

那天晚上，面对人生的十字路口，雷军失眠了。

为什么选择金山？雷军不断地问自己。经过反复思考之后，雷军逐渐理清了思路，找到了答应求伯君的理由：求伯君因为写程序在金山获得了成功，而且是通过打工获得的。既然金山能够造就一个求伯君，那自己会不会成为下一个呢？目前自己不想创业，三色公司的失败历历在目，创业需要很多条件的组合，而自己还欠缺很多东西。现在自己需要的是一个平台，而金山这个平台符合他目前的要求。

于是，雷军最终决定加盟金山。

金山软件公司由香港金山公司衍化而来。香港金山公司1973年由张铠卿所创建（"金山"二字就是张铠卿的"铠"字所拆），主要经营IBM的PC兼容机组装与销售业务，1980年以后由张铠卿的儿子张旋龙接手管理。

1988年，应张旋龙的邀请，求伯君加入香港金山公司，开发文字处理系统WPS，成立金山公司深圳开发部，涉足软件开发领域，金山软件公司的雏形出现。

从此之后，金山开始了自己的传奇之路，而雷军的加入让这个传奇的色彩更加浓郁了几分。

加盟金山,兵败"盘古"

1992 年 1 月

从这个月开始,雷军来到珠海,正式加入金山,成为金山第 6 名员工。雷军一心想成为"第二个求伯君",这也许是当时每个程序员的目标。后来,在金山的招聘广告上,雷军写下了这样的广告词:"求伯君的今天就是我们的明天"。

在珠海,雷军碰巧遇到了来此出差的王全国。在重逢的喜悦之后,他们谈到了自己的工作。雷军想邀请王全国加入金山,就给他分析了金山的优势:第一,金山有让程序员成功的传统,未来可以在金山成功;第二,金山有钱,可以支持他们做想做的项目;第三,金山有很高的知名度,是一个很好的平台。

王全国被雷军说服,最终加入了金山。接着,雷军的很多写程序的朋友都被请到了金山。雷军的团队更加完善了。

1993 年,微软公司的 Word 进入中国。那个时期,WPS 销售火爆,1994 年卖出 3 万多套,创造了 6600 多万元的销售神话。

微软非常清楚,要想在中国市场立足,最大的障碍是 WPS。如何才能战胜 WPS 呢?微软想来想去只有一个办法比较稳妥,那就是"移花接木",让 WPS 的用户转移到 Word 上来。

于是,微软开始寻找与 WPS 接触的机会。

微软先去找了金山最早的投资人张旋龙,问他能不能把金山卖了,但是被

第1章 雷军的"金山时代"

拒绝了。后来,微软找到求伯君,开出了 70 万元年薪,问他要不要来微软工作。在当时,70 万元是一个非常惊人的数字,但最终求伯君没有答应。

三番五次尝试无果后,微软干脆直接找到了当时金山软件开发部的实际负责人雷军。

微软告诉雷军,你看现在大家都在用我们公司的 Windows 系统,你们的 WPS 要不要和我们搞一个格式共享,这会让你们的软件更进步,而且,我们也不进去动你们的资源,这样对双方都有利。雷军心动了,就和金山的其他领导层商量,最后他们决定与微软合作。于是,双方签订了一份基于中间层 RTF 格式来互相读取对方的文件的协议。简单地说,就是 WPS 用户可以使用微软 Word 打开、编辑 WPS 格式文档。这就使得 WPS 用户逐渐通过"格式开放"这座桥梁转移到了微软 Word 旗下。软件市场有着天然的垄断性,其使用习惯与用户群都是不容易挖动的。当时,雷军他们并不懂这个道理,选择了与微软合作,结果给了微软机会,差点让金山倒闭。

多年以后,雷军说:"我们当年上了微软的当。"如果 WPS 没有公布文件格式,微软或许根本没有机会迅速在中国办公软件市场崛起。

当时,由雷军牵头,在北京成立了金山公司的研发部,开发新一代产品。雷军判断这将是金山具有里程碑意义的一款产品,将它命名为"盘古"。这个产品的功能包括金山皓月、文字处理、双城电子表、金山英汉双向词典、名片管理、事务管理。

"我们认为自己当时干的就是开天辟地的事情。"雷军曾这么解释"盘古"的由来,"我们本来只是一个开发部,盘古组件出来,销售、宣传、策划,什么都要自己做,一时应付不过来。"就这样,盘古组件研发成功后,几乎所有金山的人力都参与到了市场推广中,其中大部分还都是技术人员。

然而,这款几乎动用了金山北京研发部所有资源、耗费了 200 多万巨资、用时 3 年才打磨完成的软件,半年时间只卖出去了不到 2000 套。这和雷军团队期望的 5000 套销量相差太大。金山元气大伤，只得通过其他软件产品的盈利来维持企业的生存。大家熟悉的《金山影霸》《金山游侠》《金山词霸》《金山打字通》都是那段时间做出来的。

"我当时没有领好队，很多人都不想再做开发了，就离开了金山，当时那种失败的感觉，只能用兵败如山倒形容。我每天都感觉到公司里面的那种失败气氛，那是一种没法继续干的气氛。"回忆盘古组件推出失利后的情景时，雷军曾这样说。

在这段时间，微软将 Word 升级后捆绑在 Windows97 上，并随后者在国内迅速普及，占领市场。WPS 的垄断优势荡然无存。

更为不幸的是，当时盗版盛行，5 元钱就能买到软件的盗版光盘。这使得 WPS 雪上加霜，最终完全被终结。雷军尝到了失败的苦果。

1996 年 4 月，雷军向公司提交了辞呈。求伯君没有同意，极力挽留。最后，雷军休假 6 个月。

转型，重新崛起

1996 年 11 月 1 日

今天，经过半年休整的雷军重新回到了金山。

和他一起回来的，还有其苦苦思考的公司转型的战略构想。这个构想主要有两个方面：一是采用"游击战"，寻找新的领域；二是采用"歼灭战"，谋求东山再起。

第1章 雷军的"金山时代"

"游击战":开拓新的领域

雷军认为,既然正面不是微软的对手,那么,就开展"游击战",做微软不做的领域。

首先,雷军选择了视频播放软件领域。1996年,金山公司推出了全屏幕播放VCD的纯软件《金山影霸》。

当时,计算机CPU的速度越来越快,国外都在使用解压软件XingPlayer。这个软件在高档机上运行很好,但在低端机上运行不好,解压后播放出来的视频是一帧一帧的。雷军很清楚,当时国内的主流机型还是486,属于低端机,从486向高档机奔腾过渡尚需要一段时间,而《金山影霸》能够在低端机上流畅播放视频,正好填补了这个空白。于是雷军果断上了这款软件。《金山影霸》没有让他失望,在"连邦软件销售排行榜"上待了两年之久。

《金山影霸》的成功使雷军找到了夹缝中求生存的感觉。

其次,雷军把目标对准了电子词典领域。

1995年底的时候,词典类软件在市场上卖得很火,雷军决定开发一款集词典、翻译等功能于一体的软件——《金山词霸》。这一次雷军看准了电子词典的广阔市场,他认为电子词典极有可能运行在每一台PC机上。

对金山来说,做电子词典有一定的优势。因为,自"盘古"起金山已有做词典模块的基础。于是,雷军对这一大家都认为是小软件的产品投入了两年的人力和财力。两年之内,《金山词霸》成为国内词典软件的第一,从此,金山公司又多了一款明星产品。《金山词霸》创造了100天销售110万套的成绩,第100万套被收藏在中国国家图书馆。

从《金山词霸Ⅱ》开始,金山的销售策略发生了转变,实行捆绑销售。很快,这一策略便收到了显著的成效,Intel、Microsoft、HP、IBM等公司先后购买了《金山词霸》的使用许可权,联想、清华同方、康柏、摩托罗拉、北大方正、福建实达、方正新天地等软硬件厂商也捆绑使用了《金山词霸》。

《金山词霸》的成功,使得金山又多了一个战略性的产品。

另外,在产品上市宣传方式上,《金山词霸Ⅱ》也做出了改变,聘请歌星白雪作为产品代言人。这在当时是开创性的,具有一定的轰动效应。

尝到了甜头的金山把《金山词霸Ⅲ》的首发活动搞得更加火爆,完全抛弃软件产品沉闷的发布方式。这次首发活动的举办场地选在了北京友谊饭店门前的喷泉广场,而且还邀请了如日中天的零点乐队助阵。零点乐队还积极与台下观众互动,当其主唱演唱成名曲《爱不爱我》时,对着台下观众大喊:"爱不爱词霸?"台下观众挥动着手中的"词霸Ⅲ"大声回应:"爱!"会场气氛被推向了高潮。

在发布会上,金山还推出了热卖抽奖活动,奖品为联想电脑和打印机。

《金山词霸Ⅲ》标准版的促销价格为48元,在首发现场就卖出了1000多套。这极大地鼓舞了金山的士气。另外,金山对《金山词霸Ⅲ》的各地代理独家首发权进行了拍卖,这也是首创性的,造成了很大的轰动。

最后,雷军选择了游戏领域。

雷军认为,一个公司要想壮大产品线一定要多元化。于是,他决定开发与微软没有正面冲突的游戏领域。在这样的策略布局下,金山开始做游戏软件。1996年,金山推出了国内第一款商业游戏软件《中关村启示录》。这款游戏软件定价98元,求伯君在成都签名首发卖出了100套。

此后,金山在游戏领域继续发力,又先后推出了《中国民航》《抗日——地雷战》《决战朝鲜》《剑侠情缘》《剑侠情缘2》《月影传说》《新剑侠情缘》以及《剑侠情缘网络版》等。金山游戏软件的开发,获得了不小的成功。

"歼灭战":谋求东山再起

在WPS的运营上,雷军采取了"歼灭战"的策略。这一策略的依据有以

第 1 章 雷军的"金山时代"

下几条：

第一，雷军认为，在中国市场上，Word 对微软来说是一块蛋糕的一部分，而对金山来说，WPS 则几乎是这块蛋糕的全部。金山公司近 100 人扑在一个项目上和微软十几个人扑在一个项目上，谁更强一目了然。当你集中优势兵力的时候，就更容易获得胜利。

第二，WPS 是国产软件，更符合中国人的使用习惯，也更便于对汉字的处理，而 Word 毕竟是基于英文的文字处理系统，是西方人按照自身文化传统开发出来经过汉化的软件，在汉字处理上有一定的缺陷。

第三，相对于 WPS 来说，Word 的售价要高很多，所以 WPS 具有价格优势。

于是，金山公司为 WPS 之东山再起从技术到市场作了一系列全面的发展计划。求伯君卖掉了张旋龙奖励给他的豪华别墅，筹集到 200 多万元资金，支持雷军继续进行 WPS 的研发。1997 年 9 月，Windows 版的 WPS 研发成功，被命名为 WPS97。技术方面，WPS97 在图文混排及汉字修饰方面独具匠心，并集成了基础词典，附带了许多 Word 不具备的功能，比如反片输出、条形码生成等，在模板处理上也更多地考虑了国内常用的文档格式。

对于 WPS97，金山进行了大力宣传，求伯君、雷军等公司高层领导亲自到许多高校进行推广。金山还成立了培训部，编写了 WPS97 教科书，定期对 WPS 感兴趣的单位开展培训。

1998 年 9 月，WPS97 被纳入了国家计算机等级考试的范围。金山公司丝毫没有放松 WPS 的宣传和推广工作，专门成立了 WPS 的促销部，组织了大量的店面促销活动，并在一些比较重要的店面专门听取反馈意见和做定期宣传。

1999 年 4 月 3 日，金山推出了 WPS2000。其宣传广告语是：Office 的浓缩精华版。WPS2000 有专业版、家用版、行业版等。为了推动 WPS2000 及其他软件产品的销售，金山公司花费了大力气，拿出 1000 万元开展"龙行世纪"大型市场促销活动。WPS2000 专业版北京首发当天售出 303 套。

针对WPS2000的上市，微软提前一天在北京友谊宾馆举行了Office2000先睹为快的研讨会，Office2000的价格大幅下降，其中文测试版为188元，标准版为3999元，专业版为4999元，这只有以前价格的一半。

Office2000的降价给WPS2000造成了巨大的冲击。2002年，金山决定"涅槃重生"。雷军向求伯君提出：我们准备以3年时间和3500万人民币重写WPS。要把金山积累了14年的WPS的500万行代码全部推倒从头再来，这需要冒很大的风险，更需要巨大的勇气。

对此，雷军给出了这样的解释："软件和别的产品不一样，用户的使用习惯是非常固执的。当时微软占据中国市场已近10年，大部分用户已经忘记WPS什么样了。如果要让他转移到WPS上，最好的办法就是让他感觉不到自己已经转移了。所以，当时对WPS2005的规划设计最核心的一点就是，从界面菜单到操作模式，都要与微软深度兼容，让用户感觉不到在用WPS还是微软Office。一句话：WPS2005要与微软Office一模一样。微软通过手段转移了我们的用户，我们就用技术把用户转回来。"

但是，金山面临着很大的困难，因为微软的源代码没有公开，要想深度兼容微软的Office就只能摸索前行。3年之后，经过金山的不懈努力，WPS2005终于问世。这款软件不仅实现了操作界面等形式上与微软Office99.99%的相似，而且技术上还实现了超越。

也许有人会问，难道微软会坐视不理，任由金山抄袭？其实，虽然表面上WPS与Word长得几乎一模一样，但它们的底层技术完全不同，而且双方还签有格式共享的协议，微软很难告到金山。

在这个过程中，雷军最聪明的做法就是把目标客户锁定在了政府部门上，借助政府大力推进软件正版化的政策，实现了快速发展。

2001年5月9日，金山正式启动"正版中国"计划，发布WPS Office。

第1章 雷军的"金山时代"

2001年12月28日，WPS Office获得北京市政府的认可，被作为日常办公软件采购了11143套。

2002年8月5日，WPS Office获得了广东省政府的采购大单。

2003年8月16日，国家57个部委全面更换办公软件，WPS Office被选中。

2004年6月9日，WPS Office飓风正式发布。这是金山与IBM、Intel携手开发的跨平台办公软件。

2004年12月，WPS Office 2005政府专用版连续获得全国近30个省级政府机关的采购订单。

2005年3月，信息产业部发布的省级政府采购统计数据显示：政府总共采购办公软件18万套，而国产办公软件为12万套，占采购总量的67.7%。这说明WPS Office 2005的政府采购市场份额超越了微软。在随后的几年中，WPS在政府采购中的比例保持了稳定上升，但个人市场，微软占到了70%~80%，金山则只占到了20%左右。

雷军的努力终于让金山又爬起来了。就这样，在当时那样的困境下，金山没有垮，在雷军和他的团队的逐步摸索下，顽强地找到了自己的发展之路。

雷军担任金山总经理

1998年

在这一年,雷军终于执掌了金山,成了公司的总经理。

经过好几年的喘息,金山逐渐走出了"盘古"失败的阴影,生机重现,但依然举步维艰。这时候,金山获得了联想公司的青睐。

联想注资对金山实行了重组。联想付出的代价是900万美元,其中现金450万美元,折算商誉450万美元,而得到的是金山30%的股份。重组之后,雷军通过股权激励获得金山的23%股份被稀释到了16%,而求伯君的股份被从40%稀释到了28%,张旋龙和其他高管的股份被稀释到了26%。

对于这次注资,柳传志认为是天作之合,是"风助火势,火助风威"。确实,这对联想和金山来说都是有利的。

金山公司重组之后,就开始到处寻找职业经理人,来担当公司运营的重任。虽然有几个候选人,但都没有谈成。最后,雷军进入了大家的视野。虽然雷军是技术出身,但其工作能力和管理才能很突出。求伯君和联想的杨元庆都支持雷军出任金山总经理,于是,雷军就走马上任了。

对此,雷军表示:"总经理的任命我推辞了3天,不是客套,而是感到压力太大。"

确实,雷军一上任就承受着很大的压力。如果他无法完成金山的年度营收任务，就会丢掉总经理的职位，由联想的韩振江接替，而且金山公司也会被改造成联想软件事业二部。面对这种巨大的压力，雷军立马采取措施，推出了"红色正版风暴"计划，将金山旗下市场份额最大的工具软件《金山词霸》和《金山快译》的价格从 168 元下降到 28 元。这种强势营销的效果非常明显，软件销售量大幅增加。雷军成功保住了总经理的职位。

坐稳总经理职位的雷军，便开始打金山的转型翻身仗。

一是进军互联网

当时，面对微软的强力冲击，国内软件公司"死伤惨重"，而互联网却一片繁荣，于是，雷军决定转型互联网。虽然雷军是总经理，但占股份较少，大股东是联想、求伯君、张旋龙等人，他必须说服这些股东。当时，求伯君与雷军的看法产生了分歧。求伯君也想做互联网，但他更看好网上酒店预订这块业务，而雷军更看好亚马逊，想在网上卖东西。于是，两人意见僵持不下。最后，金山采取了折中的办法，投资建立了两个网站——逍遥网和卓越网，分别由求伯君和雷军运营。结果，雷军管理的卓越网经营得很好（关于卓越网后面会详细讲述），而求伯君管理的逍遥网却很失败。求伯君在技术方面是绝顶天才，但在管理经营方面却差强人意，这也注定他最后只能退居幕后。2000 年，金山公司股份制改组完成，求伯君卸任总裁，由雷军接任。

二是开发网络游戏

以前，金山做的都是单机版游戏，特别是《剑侠情缘》，很受用户喜欢，使得公司的盈利能力迅速提升。虽然形势不错，但雷军却担心盗版软件日益猖獗，会稀释原本属于金山的利润，给金山发展造成障碍。

如何才能避免盗版的影响呢？2001 年，在经过周详的市场调研之后，雷军觉得网络游戏行业不受盗版的影响，而且技术日趋成熟，将是金山的最佳选择。雷军的这一想法得到了金山董事会的认可，于是，金山全力进军网游领域。

造梦者：雷军商传

作为公司的掌舵人，雷军感到了巨大的压力，他最担心的是金山毁在自己手里。虽然投资网络游戏很赚钱，但投资的收益与风险是成正比的，所以新兴的网络游戏具有很大的投资风险。对于金山而言，如果投资失败，将会遭受重创。"盘古"的失败就是前车之鉴，雷军不得不谨慎小心。经过深思熟虑和调查研究之后，他坚定了自己的信心，决定不再退缩。

雷军并没有模仿盛大，代理韩国的产品，而是选择了一条最辛苦，但也是利润最丰厚的道路——自己开发游戏。因为有先前开发单机游戏积累的经验，雷军刚开始觉得，最多用一年时间，肯定能把产品做出来，但没有想到，两年后还看不到希望。到2002年年底的时候，雷军再也坐不住了，开始直接抓这个项目。到了2003年的四五月份，情况还是不行，雷军决定亲自披挂上阵，而此前已经先后换掉了两任网游总监。

那时，金山公司账上的钱加上银行贷款，大概有8000万人民币，雷军告诉员工："8000万人民币足够我们打两仗，如果输了一仗，我们还可以再打一仗。孤注两掷，一定能成功！要拿出砸锅卖铁的决心，全力以赴转战网络游戏。"

随后，雷军为网游项目抽调了150个人，相互协作，集中攻关。同时，他还请回了王全国专门负责金山的网游项目，1997年的时候王全国曾经离开了金山。

为了加深对网游的熟悉程度和理解深度，雷军曾经一度要求金山的高管人员每个人手里必须有一个40级以上的游戏账号，并且自己带头行动。雷军以前从来不玩网络游戏，但在那段时间开始疯狂地练习起来，基本上是白天工作，晚上通宵玩游戏，哪个游戏最火就玩哪个。

雷军疯狂的努力换来了丰硕的成果。2003年9月10日，耗资3000万元开发的《剑侠情缘网络版》终于完成。这款游戏一经推出就受到了广大网络玩家的热捧，每天交流游戏心得的帖子就数以千计。

对于金山而言，《剑侠情缘网络版》的推出，让其在网游市场上顺利地占得了一席之地。更为重要的是，它为金山开辟了一个"蓄金池"，带来了过亿元的收入。2006年，在网络游戏、办公和杀毒软件这几大主要业务中，网游业务成为金山的主要收入来源，占公司总收入的68%。

三是大力开发《金山毒霸》

雷军在上大学期间就做出了杀毒软件，所以他到了金山之后，杀毒软件就是主要研发方向。1999年4月，《金山毒霸》发布了试用版本，用户可以免费下载。2000年11月，《金山毒霸》发布了正式版本。

当时的杀毒软件价格不菲，随便一款都要卖258元或者358元，《金山毒霸》的免费让用户为之疯狂，很快积累了大量的用户和良好的口碑。

在《金山毒霸》正式发布会上，金山还专门组织了一个小品表演，取名"三国演义"，以此暗示国产杀毒软件三国鼎立（瑞星、江民、金山）的局面即将形成。雷军更是豪情万丈，表示"《金山毒霸》一年之内冲入市场三甲"。

2000年11月18日，金山在北京郊区组织了《金山毒霸》的第一次经销商大会。当天《金山毒霸》的订货量达到几十万套，回款额高达1000万元以上。

2001年8月8日，金山正式发布了《金山毒霸2001》版本。在发布会上，雷军宣告："互联网时代杀毒已经来临"。在这个版本中，有两个突出的卖点，一个是邮件监控防毒功能，另一个是Office嵌入式杀毒技术。随后，金山进行了大规模的推广宣传，发动了"缉毒万里行"活动。

2002年8月11日，金山决定启动"蓝色安全革命"。《金山毒霸2003》的价格由199元降至50元，《金山网镖2003》的价格由129元降至50元。包含《金山毒霸2003》《金山网镖2003》的安全套装组合降价更狠，由239元降至90元。

虽然"蓝色安全革命"获得了用户的大力支持，但同时却引起了许多批评的声音。有些媒体指责金山的行为是一种低价倾销，会对整个杀毒市场造成致命的打击。

面对外界的巨大压力,雷军选择了沉默,他想用最终的结果来证明一切。后来,他在接受记者采访的时候表示:"一个不充分竞争的市场是养不了真正的选手的。山中无老虎,站出来的大王也没有什么用。还有一个我们对行业的贡献,就是安全的概念。全世界就中国叫杀毒软件,我们觉得叫杀毒不对,应该叫防毒或者安全。我们不仅仅是旧规则的破坏者,我们也是新规则的建立者。"

"蓝色安全革命"结束之后,业内人士曾做过估计,如果按照当年的出货量来算,《金山毒霸》的市场份额最高达到了60%。

雷军掌管金山以后,通过一系列的转型,使得公司逐渐走向了发展的高峰。

历经曲折,金山终于成功上市

2007年10月9日

今天,金山正式在香港联交所上市。为了这一天,雷军苦熬了16年。

金山的股票代码为3888.HK,发行价3.6港元,融资净额6.261亿港元。首日开盘价3.9港元,比发行价高出8.33%。开盘之后,股价一路震荡上行,最终收盘于5.00港元,最高达到了5.47港元。

在金山上市的日子,雷军群发了一封主题为"祝全体金山人"的邮件。他说:"经过长达8年的上市准备,我们终于迎来了这一刻的幸福时光。这一刻属于每一个金山人,没有大家的拼搏和奋斗就没有今天的灿烂笑容……19年的春去秋来,时间没有在我们的脸上留下印记,我们依然像刚创业一样,充满了激情和活力!这次成功上市充分证明了我们是一支有理想、有抱负、能打硬仗的团队。一起哭过、一起笑过的兄弟姐妹们,我们一起欢呼我们上市了。"

对于雷军来说,金山上市之路充满了艰辛。

从1999年开始,金山就为上市作准备,先后看过5个股票市场,并在A股市场、纳斯达克市场和香港市场进行了实质性的操作。

从曾经作为中国民族软件企业标杆的风光无限,到转型为网络游戏公司的艰辛打拼,金山的上市历程让人感慨万千。与百度、腾讯、盛大等公司上市的万众瞩目相比,金山的上市似乎显得有些安静,甚至是不起眼。然而,对于雷军而言,这一切具有非凡的意义。

有人对金山的上市进行了精彩的总结:从2000年雄心万丈上A股,到后来登陆美国纳斯达克未果,再到最终在香港上市,金山的8年上市路,就像一个完整的章回故事,所有的主角都有了自己的归宿,尽管最初的主人公经历最为曲折。

1999年,金山公司就在内部探讨登陆香港股市的可能性,因为当时在香港上市是内地科技企业的首选。但是,求伯君和雷军都发现香港股市很不理想,股价在IPO价格之上的企业很少,只有三四家。由于1997年亚洲金融危机的后续影响,当时整个亚洲的股市都非常低迷。于是,金山公司聘请的证券顾问建议考虑A股市场,等待A股推出针对中小企业的创业板。他们认为,香港股市要想恢复,至少还需要3年时间。

然而,没有想到这一等的时间更久,A股市场推出创业板的时间一直被延后,金山上市的计划也跟着被搁置。

2004年,求伯君向媒体表示,由于受到软件公司净资产的法规限制,金山公司已被迫放弃在内地主板上市的想法。金山把目光投向了当时正热烈追捧网络游戏概念股的美国纳斯达克市场。

然而,金山的运气似乎很差,正当它2006年打算在纳斯达克上市时,美国政府突然颁布了一系列企业准入审查制度,极大地提高了中国企业到美国上市的门槛。另外，由于公司赢利能力在纳斯达克的审计未获通过，金山赴美国上市的计划彻底泡汤了。

随后，金山将上市的目标锁定了香港，并积极展开相关工作。2007年2月，金山到香港上市的时机终于成熟，随之上市计划启动，10月9日获得成功。

对于为什么选择在香港上市这一问题，雷军在路演的时候作出了这样的回答："一是金山在香港有品牌积累，香港投资者用过金山WPS；二是香港没有纯网游上市公司，金山刚好填补了这一空白；三是在香港能上主板，而在美国金山只能上纳斯达克；四是即将开通港股直通车，内地用户可以购买港股，国内正处大牛市，这将给金山一个好的估值。"

从功成身退，到王者归来

2007年12月20日

这一天，雷军宣布辞去金山CEO职务。

带领金山一路冲杀，终于到达了巅峰，上市成功，然而，雷军却选择了离开。这让人情绪复杂、唏嘘不已，也感到很意外。

在记者见面会上，雷军用深深的一鞠躬为自己16年的金山生涯画了一个句号。

对于自己的辞职，雷军给出的解释是：8年的金山IPO长跑让自己觉得身心疲惫，这样的精神状态已不利于继续担任金山CEO，如不主动请辞，怕辜负了大家的期望。

第 1 章 雷军的"金山时代"

雷军一直被媒体称为"最勤奋的 CEO",然而在他自己看来,勤奋的背后却是承受着巨大的压力。

雷军表示,8 年前启动 IPO 后,自己肩上的压力难以用言语来表达。多次 IPO 的不顺利,让他感觉自己就像在攀登珠穆朗玛峰。现在,IPO 的胜利完成不仅让自己报了求伯君、张旋龙的知遇之恩,也让投资人和一起打拼过的同事都赚到了钱。

"过去 8 年就像在跑马拉松,我只有一个目标,就是把公司做好,完成 IPO,我终于实现了当初对他们的承诺。"雷军说。

在金山 IPO 的过程中,雷军压力巨大,瘦了很多。金山成功上市之后,雷军给自己放了 4 周长假。刚开始,他以为自己只是累了,只要休息一段时间就没事了,然而 4 个星期之后他还是感觉身心疲惫,无心工作。他最终发现,这是一种艰难登顶后突然放松就无法恢复的状态。

于是,雷军找到了求伯君,对他说自己有点累,以这样的精神状态,很难继续领导金山,求伯君非常惊讶。随后,雷军又把请辞的想法告诉了张旋龙,张旋龙非常生气,16 年来第一次冲雷军发了火。

经过多次艰难的沟通,求伯君和张旋龙看到雷军去意已决,最终接受了他的选择。

于是,雷军离开了金山,只保留了金山副董事长、非执行董事的职务,而求伯君则接替雷军出任了 CEO。

然而,历史总是出现轮回。4 年后,雷军又回到了金山,担任董事长。

在雷军离开期间,金山失去了往日耀眼的光芒,高速发展的势头戛然而止,股价不断下跌。前面我们已经说过,求伯君在技术方面确实很棒,但在管理方面不行,很难带领好金山。面对这种非常不利的趋势,金山董事会邀请雷军复出,而推动此事的,正是张旋龙。

2011 年 7 月,雷军重新回到金山。对此,他说:"实在没有办法拒绝老板的情谊，对金山，我只有义不容辞。"

重新执掌金山的雷军面临的形势非常严峻，金山的网游业务已经落到了行业的第10名，杀毒软件业务受到360的蚕食，境况很不妙。

面对这种局面，雷军提出了"三个坚持"，激发金山人的士气。

第一，坚持自主创新的民族创业道路，当好中国软件行业的排头兵。第二，坚持弘扬金山的使命感和文化价值。第三，坚持过去金山内部小环境的自由宽松。

同时，雷军明白，人才是企业最重要的资源，缺乏人才是很难干出一番事业的。于是，他到处为金山挖掘人才。2011年10月份，经过他的努力，原微软亚洲工程院院长张宏江博士被金山任命为CEO。

雷军带领金山走向了新征程。

第 2 章

做天使投资人的那些年

雷军是一个卓越的企业家，更是一位优秀的天使投资人。他先后投资了众多创新型的初创企业，比如欢聚时代、UC 优视、凡客诚品等，还成立投资基金顺为资本，以至于易凯资本董事长王冉感慨地说："全中国都是雷军的试验田。"通过资本这条线，雷军成功地串起了一个庞大的雷军系，成为互联网领域里一支重要的力量。

专心做"天使投资人"

2004 年

在这一年年底,雷军个人投资了孙陶然创办的拉卡拉公司。拉卡拉是一个电子支付服务平台。

在金山任职期间的资金累积,还有卖掉卓越网获得的资金,让雷军有足够的财力进行个人投资。

孙陶然是业界名人。1991 年北京大学毕业后,他没有去分配的单位,而是办理停薪留职手续,加入了四达集团所属的广告公司。3 年后,他就成为这家广告公司的总经理。

后来,他曾经多次创业成功,其中最主要的包括联合创办"恒基伟业",创造垄断市场 70% 以上份额的"商务通"营销奇迹;缔造中国公关第一股"蓝色光标"。

孙陶然和雷军的相识是在 1996 年中关村组织的一次会议上。两个人惺惺相惜,一见如故,很快成了朋友。雷军非常信任孙陶然,当 2004 年孙陶然决定创办拉卡拉公司的时候，雷军毫不犹豫地投了资金，雷军甚至说："他无论做什么我都投。"

"雷军基本上相当于拉卡拉的半个创业团队。"孙陶然说，创业初期的很多创意和模式都是他们一起探讨和摸索出来的。当时，经常是已经到了夜里11点了，他们还在开会讨论问题。

拉卡拉是雷军第一次以"天使"的身份投资的项目。2007年辞去金山CEO之后，雷军专心做起了天使投资人。

天使投资是一种非正式的风险性投资活动，投资资金来源于天使投资人的个人财富。"天使"最早是对19世纪早期美国纽约百老汇里面进行风险性投资以支持歌剧创作的投资人的一种美称，后来指用个人自有资金投资初创企业的个人投资者。在中国，自20世纪90年代末，随着互联网的兴起，天使投资开始有了较大规模的发展。

雷军本就是一个非常勤奋的人，不可能休整太长时间，正好利用辞职后的空闲时间，专门进行天使投资。

失之东隅，收之桑榆。虽然离开了金山，但作为天使投资人，雷军非常成功。他先后投资了UC优视、尚品网、乐讯社区、多玩游戏网（欢聚时代）、凡客诚品、乐淘、可牛、好大夫等20多家创新型企业，这些企业大多发展很好。对于其中非常重要的项目，我们后面会有详细的讲述。

2011年，希望"天使投资机构化"的雷军和许达来一起发起设立了天使投资基金顺为资本。雷军担任董事长，许达来担任CEO。顺为资本管理着两支合计17.5亿美元的美元基金和10亿元人民币的人民币基金。其关注的重点是互联网、高科技行业以及互联网与传统行业结合所带来的变革，主要的投资对象为初创期及成长期的优质创业公司。

顺为资本取自雷军的名言：顺势而为。雷军对"顺势而为"进行了详细的解释：

造梦者：雷军商传

于是在卖掉卓越以后，我就陷入了一个长达半年的思考。我想的问题是，我可以更努力、更勤奋，但是我能不能在成功路上容易一点？因为跟我打江山的兄弟们有好几千人，大将无能累死三军，他们很不容易。我不能因为自己的问题让整个组织跟我一样陷入苦战的境地，能不能聪明一点？后来，我找到了答案。这个答案是四个字：顺势而为。很多的创业者很有热情和信仰，但是太有信仰也有问题。

顺势而为讲的是什么呢？《孙子兵法》里提到，在山顶上有一块石头，我顺势而为，跑去踢上一脚，剩下的事情不用做太多，它自己就滚下来了。巴菲特讲的滚雪球，也是顺势而为。关键问题要看清楚这个势在哪里，怎么把握。我原来站在旁边看的时候，觉得很多成功创业者是靠运气，其实我想说的是，他们在山上找了一块石头，踹了一脚，石头就自己滚下去了，如果你天天在山脚下，怎么踹都没有用。这就是我理解的，在对的时候做对的事情。

在雷军的投资经历中，网上流传着这样两件令人遗憾的事情。雷军曾经有过成为阿里巴巴和腾讯大股东的绝好机会，可惜错过了。如果当时雷军能抓住这两个机会，那现在会怎样呢？可见，即使再优秀的投资人，也有看走眼的时候。

阿里巴巴在发展的过程中历经了数次危机，腾讯的马化腾也经历了同样的寒冬。为了度过危机，他们都在四处求人融资。

当时的金山如日中天，资金充足。而雷军执掌着金山，于是很多人都来找他，希望他能投资。在这些人中就包括马云和马化腾。

雷军在采访中回忆说，当年马云、马化腾都找过他，希望他能够投资。但理工科出身的雷军，对待投资非常小心、谨慎。

雷军拒绝马云的理由很有意思，因为长相。

马云长得不好看，这个大家都知道。马云找雷军时，雷军的手下说："这人獐头鼠目的，满嘴跑火车，是不是做过传销？"雷军听了点点头说："他说自己项目这么大，怎么看都觉得是骗子！"就这样，雷军把马云拒绝了。

1999年底，腾讯创办1年后，OICQ（QQ的前身）注册用户数已经达到了100万。但是，腾讯空有用户，却没有盈利的商业模式。最后，腾讯的账上只剩下1万元现金了。

坚持不下去了，马化腾决定卖掉公司。他开价300万元，却处处碰壁。买家们的态度很相似：不理解腾讯这些无形资产的价值，甚至还用腾讯的电脑、桌椅的数量来给腾讯估价——这让马化腾非常沮丧。而在这些买家中，就包括雷军。

雷军对QQ不感兴趣，而且，雷军的投资更多的是看人，不是熟人，不相互了解的人，他都会拒绝。所以，雷军拒绝了马化腾。

不管如何，雷军都是非常成功的天使投资人。但是，对于他而言，更注重的是坚持自己的梦想——创办一家最牛的软件公司。可以说，亲自创业，创办一家伟大的公司，比投资赚钱更能激起雷军的兴趣。他并不缺钱，他渴望的是实现梦想，实现自身的价值，这也许是他最终创办小米公司的内在动因。

标尺：雷军如何选择投资项目

2008年12月8日

今天，雷军参加了2008创业邦年会，入选了年度最佳天使投资人。在这次会议上，雷军作了《如何挑选创业项目》的报告。

在这份报告中，雷军阐述了自己挑选投资项目的三个关键问题。

第一，投人还是投项目

对于这个问题，雷军给出了如下答案：

"每个风险投资家都会说，项目和人缺一不可。但总会遇到如下两种情况：第一种情况，人非常好，项目也不错，但还不够好，投还是不投？第二种情况，项目非常好，人不错，但还不够强，投还是不投？在项目和人之间，还是需要作出最后的抉择，怎么办？最后，在中国的大部分风险投资家会选择投项目。而我会毫不犹豫地选择投人！因为人是内因，人和项目之间，人是决定性因素。"

同时，雷军还列举了几个投资实例，比如陈年（VANCL）、俞永福（UC优视）、孙陶然（拉卡拉）、李学凌（多玩公司）等，都是因为看好项目的创办人才去投资。在雷军的眼里，投人的胜算更大。

第二，如何评估人

雷军认为，评估人是世界上最复杂的事情！他评估人最看重的是诚信。如何把握一个人的诚信呢？雷军最关心的是这个人的价值观、商业道德底线等，只有把握了这些东西，才能真正把握诚信度。

随后，他提出了评估一个团队的6条标准：

（1）能洞察用户需求，对市场极其敏感；

（2）志存高远并脚踏实地；

（3）最好是两三个优势互补的人一起创业；

（4）一定要有技术过硬并能带队伍的技术带头人（互联网项目）；

（5）低成本情况下的快速扩张能力；

（6）履历漂亮的人优先，比如有创业成功经验的人会加分。

雷军认为，能达到以上6条标准的团队，一定能够创业成功。这样的团队运作的项目，也是最理想的投资对象。

第2章 做天使投资人的那些年

第三，如何评估项目

对于项目的评估，雷军提出了4个标准：

（1）做最肥的市场，选择自己能做的最大的市场；

（2）选择正确的时间点；

（3）专注、专注再专注；

（4）业务在小规模下被验证，有机会在某个垂直市场做到数一数二的位置。

一句话来表达就是：在对的时间做一件对的事情，并且要做得数一数二。

随后，雷军对这4条标准进行了详细的解释。

首先，要在对的时间做对的事情，这是一个战略的问题，非常关键。假如事情明明不可行，还执迷不悔，这样的人注定以失败收场。做对的事情相对容易，难在把握时间点。

其次，要选择能做的最大的市场。一定要算清市场规模，想清楚后再做。一旦开始做了，就陷进去了，这是我个人最大的体会。回到金山1996年，我们选择的突破口假如是毒霸，我们会更成功。因为毒霸的市场规模远大过词霸。在2000年底再杀入，有点晚，成本相对比较高。

接着说专注。专注是创业团队的最重要的武器，所有人都专注在一个问题上，解决问题的速度非常快。由于各种各样的原因，创业者很容易进入一个又一个的战场，最后一件事情都做不好。

最后，是否能做到数一数二？一般来说，第二名的价值不到第一名的一半，第三名之后的价值就非常低了。你有什么样的核心能力，有什么样的绝活，一定要想清楚。

以上这3个问题、10条标准囊括了雷军作为天使投资人的精髓。

雷军的好"孩子"卓越网

1999 年 2 月

在这个月,卓越网开始上线运行。

雷军的目标是把卓越网打造成"中国的亚马逊"。他让王树彤(总裁)和陈年(副总裁)负责卓越网具体的电子商务业务。2000 年 4 月 7 日,卓越网的访问量突破了 1000 万人次,在 CNNIC(中国互联网信息中心)报告中名列全国第 33 位。

当时,对于卓越的经营,雷军倾注了大量的心血。

他上班的第一件事就是先浏览卓越,下班后还要召开卓越讨论会,每个新功能、新产品出来他都最先体验。而且,他觉得刷销售记录很刺激,每天下班前都要刷一遍。

不仅如此,他还在前台放置了一个大屏幕,上面实时刷新多少客户在下单、多少人在浏览,给员工打气鼓劲。

卓越提出的口号是"超越平凡生活",采用的模式是"不做全,只做精"。卓越的主营产品是图书和音像制品,下设三个事业部:图书事业部、音乐事业部和软件事业部。这与亚马逊的做法完全相反。亚马逊采用的是大而全的模式,网上售卖的品类很多。如果卓越也采用这种模式,就必须要有完善的供应链、庞大的数据库和完整的物流体系支持,而当时卓越并不具备这些条件。

卓越这种讨巧而务实的模式十分有效,取得了不俗的业绩。互联网本是

第 2 章 做天使投资人的那些年

一个烧钱的行业，往往需要长期而持续的投入，而卓越到 2001 年 9 月的时候，就已经达到了收支基本平衡。

当时，卓越卖得最好的一套书是《加菲猫》。这套书定价 99 元，而卓越只卖 29 元。他们是三折拿货三折卖，不赚钱，还亏钱。其目的是打响知名度。结果，《加菲猫》一下子火了，卓越也跟着火了。

在音像制品方面，周星驰的《大话西游》在卓越网上成了畅销品，最热的时候一天能卖掉近万套。还有后来的《丁丁历险记》，定价 550 元，一个月内卖了 5000 多套。由于成绩突出，在 2001 年 5 月的中国音像电子商务高层论坛上，卓越被文化部树立为一面旗帜。

被树立为旗帜的卓越发展更为迅速。老狼的新专辑《晴朗》一周卖掉了 10000 张；《哈利·波特与凤凰令》一周卖掉了 10000 套。

2004 年，卓越发展到了巅峰，年销售额达到了 1.67 亿元，成了中国 B2C 电子商务的领军者，与当当一起成为中国内地最大的两家网上书店。

虽然卓越发展很好，也达到了收支平衡，并在 2003 年第二季度实现了持续盈利，但是，这种盈利处于较低的水准。对此，雷军表示："以卓越目前的盈利，股东要想收回投资恐怕得 10~20 年。"

确实，对于股东而言，赚钱是第一位的。资本的天性是逐利，如果没有利润，其他的都没有任何意义。最初，卓越的大股东是联想和金山。2003 年，美国老虎基金旗下的老虎科技基金，为卓越网注资 5200 万元，成了第三大股东。老虎基金与索罗斯的量子基金齐名，都是国际著名的对冲基金。

虽然得到了老虎基金的注资，但卓越还是处在大量烧钱而少量盈利的阶段。作为前两大股东，金山和联想在资金重压下有了卖掉卓越的打算。雷军是卓越的董事长，他必须代表资本的意志。卓越就像他的孩子，他倾注了大量心血，心中很不舍，但在现实面前，他不得不作出妥协。

这时，美国的亚马逊公司来了，它正打算进入中国市场。在 2004 年 2 月

造梦者：雷军商传

和 3 月，亚马逊来了两次中国，第一次分别与卓越和当当进行了商谈，而第二次只与卓越进行了商谈。

卓越与亚马逊的初谈确定了三种合作模式。第一，亚马逊持小股，像谷歌（Google）注资百度。第二，亚马逊持大股，像 IAC（美国的一家著名互联网公司）控股 E 龙。第三，全资收购，像雅虎买 3721，eBay 收易趣。

第一种模式，亚马逊不同意。他们非常看好中国市场，一定要强力介入，不留余地。

第二种模式，卓越不同意。在卓越看来，双方的资本实力太悬殊了，如果亚马逊要增资，再投入 1 亿美元，金山和联想是否跟投？如果跟不起，那就只能被迫出局。退一步讲，即使亚马逊不采取更多的行动，金山和联想又该如何套现退出呢？要知道，亚马逊并不打算让卓越上市。

对于金山和联想而言，既然迟早要被赶出或者套牢，那不如现在就放弃，就选择第三种模式，全资收购。

其实，卓越还有一条路，就是向 VC（风险投资）融资。但对于金山和联想来说，其股份会被大幅稀释，最终还是会失去主导权，落得个出局的结果。

当时，联想投资已经将 2004 年第一期投资投向了 14 家企业，再没有资金增资卓越；金山正在大打游戏牌，投资重点在网络游戏上面，也没有余力再投资卓越。

权衡利弊，金山和联想决定把卓越卖给亚马逊。对此，雷军表示，卓越的选择实在不多。

曾经有 VC 劝雷军不要放弃卓越，因为网上零售是未来发展的方向。雷军就卓越当时的状况进行了分析：

第一，卓越缺乏完善的物流配送体系

刚起步的时候，卓越每天处理 100 张订单感觉非常简单。但每天达到 500

单时，就发现库房不够用，商品也送不出去，公司不得不把所有员工都赶到库房里做包装。每天处理的订单从100单到1000单是一个质变，从1000单到10000单又是一个质变。卓越已经过了10000单，但到10万单就极其痛苦了。

如果做到10万单，仅仅北京的库房就要3万平方米，相当于6个标准足球场。还要把货架摆满，一个货架1500元人民币，总共就需要3000万元人民币。给仓库放满货架，装上货，再装备流水线，最少1000万美元。

卓越在北京、上海、广州三个地方建库房，大体需要5个物流和配送中心。美国有邮购的历史，培养出了DHL和UPS，但中国没有。公司试用了很多家配送公司，但都不理想，问题很多。比如，有的公司领导太功利，一发现活累钱少就不干了；有的出了意外，仓库发生火灾；有的管理不善，配送员携带货款潜逃。风险各不同，但终归一点，独立的配送体系极不成熟。

所以，最终卓越只能自己搞物流和配送，否则4~20小时到货的服务质量无法保障，而服务质量正是网上购物具有吸引力的关键。但是，光把全国性的物流中心建好就需要3~5年时间，至少要投资3000万美元。

第二，卓越没有先进的信息系统

对于电商来说，信息系统至关重要。信息系统主要包括对客户的分析，对每一本书的跟踪和精确的推荐。在技术方面，亚马逊投资了10亿美元以上，即使在互联网最低谷的时候，也保持一两百人的研发队伍。而且，亚马逊的供应商具有完备的数据库。在中国，民营资本受政策限制很难介入书刊供应，国家资本的信息化程度低，各种条件都不成熟，所以卓越暂时还没有能力，也没有办法构建先进的信息系统。

第三，电商人才匮乏

即使卓越达到几十亿甚至几百亿的规模，但有没有相应的控制力？能不能找到相应的管理者还是一个非常大的问题。亚马逊解决人才问题的方法是一边做，一边到沃尔玛挖人，结果被沃尔玛告上了法庭。中国零售企业的规模还很小，尤其缺这方面的人才，就现在本土商业环境而言，还需要十年、二十年才能产生上千亿的零售公司，卓越到哪里去挖人呢？

第四，地方保护主义的阻碍

地方保护普遍存在，货卖的地方越广，面临的地方阻碍就越多。当当的总裁俞渝总是在呼吁"摆摊儿要扎堆儿"，一家实力太单薄，几家可以团结在一起。但这也不是最终的办法。四五家贴着新经济标签的厂商，如何竞争得过有底气十足、数量众多的传统厂商？

综合以上因素，雷军虽然不舍，但他仍然和大股东一样，选择了出售卓越。站在现在的角度来看，当当、京东等都大获成功，雷军似乎失算了。

2004年8月19日，经过前期的多次磋商，双方终于签约。亚马逊以7500万美元的价格收购了卓越网。这对于卓越的大股东来说，获得了不错的投资回报，得到了大量资金；对于雷军来说，获得了作为天使投资人更雄厚的资金基础。

欢聚时代——雷军投资的首家上市公司

2005年4月

在这个月，雷军给多玩游戏网投资了100万美元。多玩游戏网是广州华多网络科技有限公司（简称欢聚时代）开发的游戏资讯平台，创办人为李学凌。多玩游戏网主要包括游戏资料、编辑、多玩论坛、新闻中心等。

第 2 章 做天使投资人的那些年

当时,雷军担任金山 CEO,还不是真正的天使投资人,100 万美元绝对算他的"大手笔"。要知道,那时候他只是开着二三十万元的车,住着 100 万元的普通房子。

其实,"多玩"这个名字也是出自雷军之手。在创办多玩游戏网期间,雷军去台湾出差,看到一种水的牌子叫作"多喝水",受到启发,和李学凌商量之后就决定把网站名字确定为"多玩游戏"。多玩游戏早期的宣传语就是"多玩游戏多喝水"。

雷军早在 1998 年的时候就认识了李学凌。他们两个的结识充满了戏剧性。当时,李学凌从中国人民大学毕业之后在《中国青年报》实习,报道了一篇关于金山的负面新闻。由于对金山的批评比较中肯,雷军并没有把李学凌视为敌人,反而更加欣赏。

"他和大部分的媒体记者不一样。"雷军说,"他拒收所有车马费和(企业)稿酬。这不表示有什么了不起,但不多见,让我认为他有更大的目标和梦想。他又很固执自己的观点。他批评我们金山的产品不好,你怎么也说服不了。我们关系很好,但他照骂不误。他是一个有自己观点的人,而且不被任何东西所利诱。他还愿意琢磨,是个技术爱好者和发烧友。他批评我们的东西还是讲在了点子上,很有深度。"

经过这件事,雷军和李学凌成为朋友,也为后来的投资打下了基础。

在多玩游戏初期,李学凌的创业思路是在一个小领域重点突破,倾力打造《魔兽世界》专区,并在 3 个月后流量突破百万。

当时,游戏资讯领域的老大是 17173。17173 创立于 2001 年 3 月,取名谐音"一起一起上"。2003 年 11 月,搜狐全资收购 17173,使 17173 完成了从一个网游资讯平台到中文网游第一门户的巨大跨越。17173 拥有多个游戏专区,囊括了国内绝大部分网络游戏。与 17173 相比较,多玩游戏虽然发展很快,但还是显得非常弱小。李学凌急需寻找更多的机会,以发展壮大多玩游戏。

2007年,雷军和周鸿祎投资了一款名为ISpeak的在线群聊语音产品。雷军建议李学凌共同投资,遭到了拒绝,李学凌不看好这款产品的前景。但没有想到,仅仅几个月,ISpeak的同时在线用户就突破了5万人。李学凌改变了想法,认识到"语音+视频"终将替代"文字+图片"。于是,他着手开发同类产品YY语音。这是一个多人语音群聊工具,支持上万人同时在一个频道语音聊天。

在YY语音开发的关键时刻,多玩游戏网的总经理张云帆带着10名骨干集体辞职,另起炉灶,创立了178游戏网。这给了李学凌巨大的打击。核心团队的流失,不仅仅是失去了人才,更是对创业者自信的重击。好在李学凌的运气不错,竞争对手ISpeak的高管发生内讧,这给了YY语音机会。

2010年的时候,腾讯向多玩游戏发出了收购邀约,开出的条件非常诱人:支付1.5亿美元的现金,而且把40%的公司股份返还给李学凌。这是一个让人无法拒绝的收购。卖,还是不卖,李学凌陷入了艰难的抉择之中。李学凌征询雷军的意思,雷军给出了反对意见。雷军认为,多玩游戏具有很好的前景,最终要进军10亿级规模的市场。经过12天的痛苦犹豫和斟酌,最终李学凌拒绝了腾讯。

2012年8月份,YY最高并发用户人数达到了1000万人左右,月度活跃用户人数达到了7050万人左右。

2012年9月,YY吸引了4.005亿名用户。

2012年11月份,总公司欢聚时代在美国纳斯达克成功上市,股票名称为YY。这是雷军投资的第一家上市公司。

作为董事长的雷军和CEO李学凌分别持有欢聚时代23.8%的股份。以上市首日收盘价11.3美元计算,雷军所持有的股票价值超过1.2亿美元,也就是说,雷军7年前那笔100万美元的天使投资,获得的账面投资回报为120倍。而且,欢聚时代上市后股价一路上涨,到2014年9月份的时候,达到了最高的每股96.39美元,雷军收益颇丰。

第 2 章 做天使投资人的那些年

投资 UC 优视,增值 1000 倍

2008 年 10 月 14 日

今天,雷军正式确认将担任 UC 优视董事长。UC 优视是雷军非常成功的投资项目之一。

UC 优视是一款主流手机浏览器。雷军早在 2006 年的时候就投资了 UC 优视。

UC 优视是由梁捷和何小鹏两人联合创办的广州动景公司开发的。UC 优视的目标是每个人都可以"把互联网装进口袋"。

UC 优视创办初期,资金非常紧张。公司连固定办公场所都没有,完全依靠从朋友那里借来的场地办公。为了彻底解决资金问题,梁捷和何小鹏到处寻找风险投资。他们在这个过程中认识了俞永福,俞永福当时的身份是联想投资的副总裁。经过半年多的沟通,UC 优视获得了联想投资的初步投资意向。但遗憾的是,这个意向因一票之差被联想投资决策委员会给否决了。

后来,俞永福就把雷军介绍给了梁捷和何小鹏。经过交流沟通后,雷军答应投资 UC 优视。投资金额三四百万元人民币,占公司股份 20%。

雷军投资后,起到了连锁反应,UC 优视获得了知名风险投资机构的青睐,融资 1000 万美元。解决资金问题后,UC 优视进入了快速发展阶段。两年间,UC 优视的用户增长了 25 倍,全球用户超过 3 亿人,全球下载量突破 15 亿次。

2014 年,阿里巴巴收购了 UC 优视,雷军的投资增值 1000 倍。

凡客诚品:从"最成功的投资"到"人生最倒霉的事"

2007 年 10 月

这个月,雷军投资的服装 B2C 平台——VANCL(中文名"凡客诚品",简称"凡客")正式上线开张。

凡客诚品的创立者是陈年。雷军对陈年很信任。2000 年,他们一起创办了卓越网。2004 年卓越网卖给亚马逊之后,陈年辞职。2005 年陈年创办了"我有网",这是一个网络游戏道具交易平台,雷军也投了钱。但是,没多久"我有网"就破产了。对此,雷军安慰陈年说:"没关系,从头再来,你做什么,我投什么。"

2007 年,陈年和雷军创办了凡客诚品。VANCL 这个名字具有一定的含义,VAN 是先锋和小船的意思,C 代表的是陈年,L 代表的是雷军,整体名字表达了陈年和雷军要做电子商务的先锋的意愿。

凡客诚品创立之后,在雷军的资本运作和陈年的苦心经营下,获得了飞速发展。2009 年,凡客诚品从数万家企业中脱颖而出,与支付宝、汉庭酒店、天宇朗通等一同被评为"2009 年最具成长性的新兴企业"。

2010 年,凡客诚品销售额达到 20 亿,是 2009 年的 5 倍。当时,"凡客体"风靡互联网的"大街小巷"。在垂直电商领域,如果凡客诚品自称第二,那肯定没人敢称第一。

在 2010 年的大好局势下,凡客诚品先将 2011 年的销售目标定为 60 亿,

第2章 做天使投资人的那些年

后又调整为100亿。在百亿目标下,凡客诚品开始实行疯狂的"大跃进"政策。

首先是资金。凡客诚品的天使轮主要是雷军投资的700万人民币。随后在雷军的帮助下,2007年至2008年完成了A、B、C三轮融资,2010年和2011年又完成了D、E、F三轮融资,累计融资超过4.2亿美元,获得了充足的发展资金。

其次是人员。凡客诚品大量招聘员工,最多的时候一天有500人入职,员工总数达到了13000余人。

再次是产品线。凡客诚品最多时拥有30多条产品线,产品除了服装,还涉及家电、数码、百货等几乎全领域。

最后是广告。签约韩寒、王珞丹、黄晓明、李宇春等大牌明星,先是推出户外广告,后来又在主流电视媒体投放广告。

凡客诚品大肆扩张,表面上一片繁荣。于是,雷军2011年11月1日参加TechCrunch Disrupt大会时表示,在所投资的20家公司中,凡客诚品是其投资最为成功的案例之一。

然而,接下来凡客诚品的发展,可能就正好验证了一句话:"上帝若要让其灭亡,必先让其疯狂"。

疯狂扩张使凡客诚品2011年的库存达到14.45亿元,亏损近6亿元,销售目标仅完成了38亿元。生产线、资金链、库存积压是压在自有品牌电商背上的三座大山,凡客诚品不幸背上了这三座大山。

从此,凡客诚品开始走下坡路,迎来了裁员、资金链断裂传闻等难题,风雨飘摇,命悬一线。

对于这段艰难的日子,陈年进行了反思。其中关于雷军的主要内容如下:

2013年6月,我跟雷军在凡客喝了一次酒,聊得很不愉快,根本就谈不拢。雷军直言不讳,说凡客这种盲目扩张是上个时代的做法,未来的企业会像小米一样，以用户需求为导向，用产品来塑造品牌。他的话对我刺激很大，我认为从用户的增长去预估业务的增长，以此布置 SKU 的思路也是成立的。我心里想，你做小米发达了，也不必来挤对我吧。

这次谈话不欢而散，我真正对雷军心服口服是在两个月后。2013 年 8 月 29 日，我为了赌气，找他来凡客参观。我清空了半层楼，把凡客所有的样品挂出来。当我跟雷军在几百个衣架间走过时，我感到狼狈，因为这是我第一次看到这么多真实的产品。我挫败地发现，没有一件是拿得出手的。雷军说，他感觉不是站在一个品牌店，而是百货市场。

这件事让我彻底认栽，之后，雷军和我有过七八次、每次七八个小时的长谈。雷军说："不够专注、不够极致是凡客遇到问题的原因。"他给我的凡客开出了"去毛利率、去组织架构、去 KPI"的三个改造方向。雷军问我，你能不能先专注地只做好一件最基本的产品？我想，衬衫最基础，也能体现出技术含量，而衬衫中最基础的是白衬衫。

2013 年年底，雷军领投，IDG、软银赛富、启明创投、淡马锡等资方联合参与了凡客诚品的第 7 轮融资，规模超过 1 亿美金。陈年说，如果没有这轮融资，凡客必死。

2014 年 8 月 28 日，陈年宣布凡客诚品改变以往品类繁杂的发展策略，要"先做好一件衬衫"。让已经做过 1000 多万件衬衫，创造了 10 多亿元销售额的凡客再度回首。

然而，再次回归的凡客并没能引起多少人的关注，凡客的流行时代已经过去！国内 B2C 电商市场风起云涌，进入加速洗牌阶段。据中国报告大厅数据显示：2014 年，B2C 市场中，天猫市场份额占比超六成，京东占比为 18.6%，其余 B2C 企业中唯品会、1 号店、国美的增速均高于 B2C 市场整体增速，而凡客诚品却跌出前十。很多时候，机会失去了就永远没有了。

第 2 章 做天使投资人的那些年

在 2015 年度的凡客新品发布会上,雷军亲自站台,调侃"我人生最倒霉的事情是投了凡客,以后只能穿凡客的产品"。虽然只是一句调侃,但未必没有反映出雷军的真实想法。对于雷军而言,历时八年,费尽心力,融资 7 轮,从辉煌到落寞,心中的滋味可想而知。

"全中国都是雷军的试验田"

2012 年 12 月 12 日

今天,CCTV 第十三届"中国经济年度人物"评选揭晓答案,雷军获得"中国经济年度人物新锐奖"。

雷军获奖,实至名归。经过多年打拼,筹谋布局,雷军取得了巨大的成就,构建起了属于自己的商业帝国——雷军系。雷军的投资涵盖移动互联网、电子商务和社交三大领域,而且都是所在行业的翘楚,以至于易凯资本董事长王冉感慨地说"全中国都是雷军的试验田"。这些"试验田"成了雷军商业帝国的一个个重要的支点。

在互联网领域,雷军系逐渐成为继腾讯、百度、阿里巴巴系之后的第四股力量。

现在,我们来梳理一下雷军系,看看雷军在谋划怎样的一盘大棋。

雷军系主要包括这样几大部分:第一,三家上市公司,分别为金山软件(港交所)、欢聚时代(纳斯达克)、猎豹移动(纽交所);第二,小米科技,这是雷军商业帝国最核心的资产,我们后面要详细讲述;第三,就是前面讲述过的顺为资本。

金山软件

金山软件主要产品有五大类,分别是:游戏、WPS办公软件、网络安全产品、英语学习产品和金山云系列产品。

从2013年的年报来看,雷军在金山软件担任董事会主席及非执行董事。他个人及通过其全资子公司持有金山软件26.90%的股份。金山软件的其他主要股东还有求伯君、腾讯全资子公司、福达基金等,分别持有9.15%、12.63%、6.02%的股份,但都没有雷军持有的股份多。因此,可以认为雷军是金山软件的实际控制人。

欢聚时代

关于欢聚时代,我们前面已经讲述过,在其上市时雷军担任董事长,持有与李学凌相同的股份。后来,雷军增持了股份,成为欢聚时代的最大股东。

猎豹移动

猎豹移动前面没有讲述过,我们在这里进行详细介绍。

雷军回归并掌控金山之后,对公司旗下庞杂的业务部门进行了整合,最终确定成"3+1"的架构,"3"指金山办公(WPS)+金山游戏(西山居)+金山网络,"1"为金山云。傅盛掌舵金山网络,张宏江为金山软件CEO并负责金山云,邹涛出任西山居CEO,葛珂负责WPS。

金山网络是由从金山软件分拆出来的金山安全,与可牛网络合并而成的新公司。可牛网络的创办者就是傅盛。傅盛跟随周鸿祎一路走过3721和奇虎360,曾是周鸿祎麾下最出色的产品经理,对互联网产品有着敏锐的嗅觉和果断的执行力。2008年,傅盛投身经纬中国。2009年,傅盛创办了可牛网络。2010年,可牛网络与金山安全合并后,傅盛担任了金山网络CEO。

第 2 章 做天使投资人的那些年

雷军非常器重傅盛,他曾评价说:"在中国做客户端软件的企业家中,傅盛排名前三。"傅盛不负众望,带领金山网络飞速发展。

2014 年 3 月 25 日,金山网络更名为猎豹移动公司。

2014 年 5 月 9 日,金山网络成功登陆纽约交易所,更名为猎豹移动。

雷军担任猎豹移动董事长兼董事。金山软件持有猎豹移动 4.7% A 类普通股,54.1% B 类普通股,总计 53.5% 投票权。可以看出,雷军就是猎豹移动的实际控制人。

小米科技

小米科技在雷军商业帝国中处于核心地位,是雷军这一盘大棋的重中之重。对于小米,雷军倾注了最多的心血,也创造了最多的精彩。

可以说,小米成,则雷军封神;小米败,即使有众多成功投资案例,雷军依然会有挫败感。所以,雷军才会把小米当成自己人生中最后要做的一件事。

小米,是我们后面讲述的重点。

顺为资本

顺为资本是雷军系的前线敢死队。顺为资本作为独立的互联网创业投资基金,是要对出资人负责的,不会成为小米的"附庸",但是在投资方向把握和项目选择上,无法摆脱小米的影子,背后都有雷军的思想和意志。

第 3 章

"小米"的速度与激情

　　创办小米，是雷军人生中要做的最后一件事。而小米没有辜负雷军的期望，在短短几年内创造了奇迹，把雷军推向了人生的巅峰，使"互联网的雷军"变成了"中国的雷军"，甚至是"世界的雷军"。

站在风口上,创办小米

2010年4月6日

今天,小米科技有限公司正式成立。雷军和几位创始人,在北京北四环的银谷大厦静悄悄地一起喝了碗小米粥,就开始了艰难的创业之旅。

做天使投资人,让雷军获得了异常丰厚的回报。但是,对他来说,这些投资并不是自己真正主导掌控的事业。

在内心深处,雷军一直想做一番真正属于自己的事业,用一家量级庞大,甚至称得上伟大的公司,来奠定自己的江湖地位。陈年说,雷军向上的力量或者说欲望,是不可预估的。雷军自己也说,自己要做一家百亿美元级别的大公司。

对于雷军来说,只做天使投资人很不甘心。

当雷军已经担任金山公司总经理,声名远播之时,而马化腾、丁磊等人才刚从学校毕业到电信局上班,李彦宏还在美国读书,周鸿祎也才参加工作,马云正在筹办中国黄页在北京到处碰壁。

周鸿祎是雷军的湖北老乡,他说,在很长一段时间之内,他对雷军都是仰视的状态，因为在 IT 领域雷军出道早，江湖辈分高，是中关村里的元老。但是，短短几年之后，这帮"小字辈"都成了赫赫有名的互联网大佬，丁磊、陈天桥、李彦宏更是先后成了"中国首富"。

这让有抱负、有野心、有远大志向的雷军感到了巨大的压力。而且，上大学时读完《硅谷之火》之后，树立的要像乔布斯一样创办一家世界级企业的梦想，也激励着他干出一番真正的事业。

在做天使投资人的过程中，雷军对自己金山时期的工作进行了反思。最后，他想明白了两点，一是成功仅仅靠勤奋是不够的，二是要找到最肥的市场，顺势而为。在雷军看来，所谓大成，和大势高度相关。就像他的两个爱好，围棋和滑雪，讲究的也都是"势"。他说，只要站在台风口，一头猪都能飞起来。创业就要找准台风口，做一头会借力的"猪"。很快，雷军找到了自己的"台风口"——智能手机和移动互联网的大爆发。

"2008 年谷歌发布安卓，2009 年第一部安卓手机发布了。当看到第一部安卓手机的时候，我就看到机会来了。我认为在智能手机行业里面会重现 30 年前 PC 击败苹果机的这个历史。这是个巨大的机会。

"我觉得未来手机一定是软件、硬件、互联网相结合的，就是我们讲的'铁人三项'。所以假如能够把微软、谷歌、摩托罗拉合并的话，这个公司应该相当的牛。假如我能将这三个公司最顶尖的人集合起来办一个新的公司，我觉得会有很大的机会。"

于是，雷军决定做智能手机，创办小米科技公司，借助移动互联网大潮顺势而飞。小米科技公司的第一个候选名字并非小米，而是红星科技。当时，他们认为红星能够代表国产手机，但在工商局注册的时候并没有成功，因为已经有红星二锅头了。后来，雷军选用了"小米"这个名字，这主要是来源于一句佛语："佛观一粒米，大如须弥山"。另外，还有"小米加步枪"的意思，他们是要聚焦国产手机，小米加步枪来干革命。

创业的第一步是寻找人才。雷军很明白，只有和真正优秀的人一起创业，才能最终获得成功。

雷军组建的创业团队是一个"6+1"结构。"1"是雷军，"6"是以下六人：

林斌：曾经在微软公司任职，历任主任开发工程师、研发经理、工程总监；担任谷歌中国工程研究院副院长，谷歌全球工程总监。

黄江吉：不到30岁就成为微软工程院的首席工程师。

黎万强：金山公司的高级管理人员，曾任金山软件设计中心设计总监、金山词霸总经理等职。他建立了国内最早的软件用户体验设计团队，是国内用户体验的领军人物。

周光平：美国乔治亚理工学院（Georgia Institute of Technology）电磁学与无线技术博士，曾经担任摩托罗拉北京研发中心高级总监。

洪锋：美国普渡大学（Purdue University）计算机科学硕士。历任谷歌高级软件工程师、高级产品经理，是谷歌日历、谷歌地图3D街景项目的主要负责人。

刘德：原北京科技大学工业设计系主任。

雷军组建的联合创业团队堪称豪华。他表示，小米是全中国进入门槛最高的公司。

三轮融资，备足冲锋的弹药

2010年

这一年的年底，小米A轮融资成功。在4月份的时候，雷军及团队、晨

第 3 章 "小米"的速度与激情

兴创投、启明创投为小米提供了启动资金,再加上 A 轮融资,全年累计融资 4100 万美元,公司的估值达到了 2.5 亿美元。

对于一个初创公司而言,资金非常重要。如果总是缺钱,是很难把公司做起来的。雷军曾经对马云说,他研究过阿里巴巴成功的历史,发现三个要点:

第一,要有一个巨大的市场。

第二,要找一群超级靠谱的人。

第三,相对同行而言,要有一笔永远也花不完的钱。

对于第三点,雷军表示,因为有"永远花不完的钱",你才会有勇气和胆量去尝试一些东西。

在创办小米的时候,雷军已经积累了相当丰厚的身价,拥有亿万资产。人们不禁很好奇,作为天使投资人,雷军为什么不自己直接投资,而是拉上团队和投资机构一起投?对此,雷军给出了自己的答案:这会让自己感到压力,产生动力。

雷军先找到自己最好的朋友刘芹,向对方讲了一个通宵,最后融到了 500 万美元。"其实我自己并不差那 500 万美金,因为我自己也是投资人。但是我在想,如果这个钱全是我投的,我可能没有那么大压力。我得从别人手上拿到钱。这是我拿到的第一笔钱。"

雷军的创业团队也都投了钱。当时,小米的全体员工有 75 个人,雷军刚开始是不想让他们投钱的。因为这"等于我自己找了 75 个老板,每一个人都会到你办公室问一下,雷总,我们现在干得怎么样了?"

雷军对一个合伙人说:"要不大家随便投,亏了算我的。"这位合伙人说:"你千万不要这样,如果你替大家兜底了,大家就没有压力了。"最终,大家都投了钱。

对此,雷军表示:

说实话,因为我没承诺兜底就压力巨大。但是,掏自己的钱创业是创业成功率最高的一种，因为在那一瞬间你重视了，你花的每一分钱都是自己的血汗钱和别人的血汗钱，不会轻松把别的投资人的钱打水漂。所以我觉得如果创业者有经济条件，我无论如何都希望他们个人掏一点钱，因为只有这样，大家花自己钱的感觉是不一样的。

2011年12月，小米获得了9000万美元融资，估值10亿美元。这是小米的第二轮融资。投资方包括启明、高通、IDG、淡马锡、Morningside，还有顺为资本。

当时，小米手机已经正式向预购者发货，但30万台左右的产量让小米手机遭遇了一场产能不足的"市场尴尬"。而这次融资就是主要用于手机研发、购买零器件，扩大生产规模。

对于雷军而言，终于可以轻轻地松口气了。因为这意味着小米已经度过了最危险、最可能夭折的阶段。虽然前期融了4100万美元，但对于做手机来说远远不够，因为手机的链条很长，非常耗费资金。

2012年6月底，小米宣布融资2.16亿美元，估值40亿美元。这是小米的第三轮融资。雷军没有公布投资方，只是说国际领先的投资集团领投。此前路透社曾报道称，小米C轮融资由DST（Digital Sky Technologies）集团领投。DST是一家总部位于俄罗斯的风险投资机构，先后投资了Facebook、阿里巴巴、京东等著名企业。DST的创始人是尤里·米尔纳（Yuri Milner）。在小米进行第二轮融资的时候DST就想投资，但没有赶上，尤里·米尔纳就以个人身份进行了"小手笔"的投资。

小米成立仅两年多时间，就获得了三轮融资，估值40亿美元，这在当时来说是非常让人震惊的。

通过前三轮融资，雷军为小米备足了冲锋的弹药，带领小米快速发展，创造奇迹。

第 3 章 "小米"的速度与激情

米聊：起个大早，赶个晚集

2010 年 12 月 10 日

在这一天，米聊发布了 Android 版。这是一款由小米推出的跨平台手机沟通软件。

米聊的前身就是小米通。从 2010 年 6 月份开始，小米就尝试做一个叫"小米通"的产品，后来改名米聊。雷军是一个善于发现机会的人。他发现手机的社交领域存在巨大空白，于是就抱着尝试的态度，果断出手。

但是，在手机即时通信领域早已高手如云，比如手机 QQ、飞信等多个领导型产品都是市场的佼佼者，"米聊"这个名字如此土气的产品似乎很难与对手竞争。不具有革命性，在 QQ 等强大的对手面前，就没有成功的可能。

当时，市场上出现了一款即时通信产品，名字叫作 Kik。这款产品最大的特点是利用与手机通讯录的匹配，建立基于真实身份的通信方式，同时还实现了与 SNS 的打通。当时，飞信已经开始没落，而 SNS 还处于狂欢，这就为处于困局中的米聊提供了一条不错的出路。

雷军在 2010 年 7 月 27 日发微博说："腾讯已经成就了一代霸业，马化腾已经成为这个时代的霸主。但强大如罗马帝国、强大如大秦王朝，都有衰落的一天，这是自然规律。""长江后浪推前浪，前浪死在沙滩上，这就是人类社会进步的动力。关键点在腾讯会因为什么原因、会在什么时候衰落，这值得我们大家琢磨！这就是我们创业的机会。"

对于当时的雷军来说，他的机会就是模仿 Kik 的米聊。米聊发布没多久，就增加了对讲机功能，用户猛增到 100 万。

作为国内第一款"Kik"类软件，又经历了一次爆炸式增长，米聊一举奠定了在移动互联网上的地位，同时也成为小米推出的第一款真正具有影响力的产品。

早在米聊第一版发布后的一次聚餐中，提及腾讯，雷军说过一句话："如果腾讯介入这个领域，那米聊成功的可能性就会被大大降低，介入得越早，我们成功的难度越大。据内部消息，腾讯给了我们 3 个月的时间"。雷军不愧是一个互联网老兵，很有预见性。

然而，马化腾只给了雷军 1 个月的时间。2011 年 1 月，腾讯就推出了重磅炸弹"微信"。

微信依靠 8 亿 QQ 用户的成熟关系链，仅用 1 年时间就获得 1 亿用户，将米聊远远地甩在身后。

在移动通信领域，雷军可以说是起了个大早，赶了个晚集。本来，雷军完全可以借助米聊打造一个百亿美元级别的移动社交大公司，却被马化腾夺走了这块肥肉。

在这个过程中，有一个人不得不说，他就是张小龙。张小龙被称为"微信之父"，是微信的创建者。在微信的打开界面，有一个庞大的蓝色星球，下面站着一个渺小而孤独的人，这个人就是张小龙。而雷军曾经有得到张小龙的机会，却遗憾地错过了。

现在人们都说张小龙因微信而成名，其实这位明星产品经理早年的成就也不小。据李学凌回忆，在 2000 年的时候，张小龙就已经在国内互联网领域有了很大的名气，只要在北京海淀黄庄的路口大喊一声"我是张小龙！"，就一定会有一群人围观，并要求签名。

张小龙早年成名源于邮件客户端软件 Foxmail。这款软件在短短四年间就

第 3 章 "小米"的速度与激情

吸引了 200 万用户,并且被美国最知名的科技网站 ZDnet 评为 5 星软件。

但是,张小龙却在这个时候迷茫了,因为这时正值互联网泡沫,很多互联网公司根本赚不到钱,纷纷破产倒闭。而张小龙很有个性,不愿在其软件上增加广告,所以他并没有赚到钱。于是他想去外面看看,然后把自己的软件卖掉。

结果,他遇到了雷军,因为雷军也是 Foxmail 的用户。雷军当时的名气更大,是中关村的风云人物,年纪轻轻就靠着自己的努力成为金山的总经理。当时的马化腾还在润迅上班,周鸿祎还是方正的一个工程师。而雷军这个时候不仅有名,还有钱、有资源。所以,雷军是张小龙出售软件的最佳目标。

雷军在和张小龙电话沟通之后,直接就问 Foxmail 卖不卖,多少钱。张小龙报出了 15 万元的价格。雷军当时也答应了,这点钱对金山来说不算什么。然而,这件事最后却没有成功。

因为当时雷军太忙了,作为金山的总经理,有更多的事情在等着他。当时,雷军正在和联想谈投资的问题,就把这件小事交给他的技术人员去办理。技术人员跑到广州和张小龙谈判,最后觉得这款软件没什么太大价值,金山很轻松就能开发出来,可见他太高估自己了。而且,雷军也不是太重视这件事。于是就没有了下文。

2000 年,博大互联网络公司以 1200 万元收购 Foxmail。2005 年 3 月,腾讯收购了 Foxmail。

腾讯为什么要收购 Foxmail 呢?

当时,Foxmail 的团队包括张小龙在内,只有 20 多个人,用户不到 500 万。马化腾当时对媒体表示,腾讯看重的是 Foxmail 的技术和客户。当时,国内互联网用户刚刚超过 1 亿,未来三四年内,互联网用户会成倍增加。马化腾认为,这段时间,是腾讯争取客户的关键时间。而在 Foxmail 的 500 万用户中,有 300 万用户是腾讯此前所没有覆盖到的。

就这样,马化腾把张小龙收到了麾下,而雷军则错过了机会。

小米手机上演"超级大片"

2011年8月16日

今天,小米手机正式发布。发布地点在798艺术中心北京会所。

在发布会上,雷军酷似乔布斯,身穿黑色T恤和深蓝色牛仔裤,脚踩帆布鞋,为听众讲述了小米诞生的历史,并将呈现给世人"一款顶级智能手机"——小米1。让人吃惊的是这款手机的售价,只有1999元。当雷军宣布价格的时候,引起一片惊叹和高呼。在当时,高通MSM8260双核1.5GHz的处理器,1GB RAM和4GB ROM内存组合,Adreno 220芯片,1930mAh锂离子电池,是非常高端的配置。而这样的配置,只卖1999元,确实是性价比极高。

2011年9月5日,小米手机首次在网上预售,34小时预订出了30万部。第二次预售,3小时预订出10万部。第三次预售,8个半小时预订出了30万部。当时,那些国际大牌手机巨头,一款手机一个月内能卖出10万部,就已经很厉害了。即使最火爆的iPhone4,首日销售量也不过60万部。

2012年11月30日,小米2第一次限量发售。5万部手机2分51秒被抢购一空。再到后来的小米3、小米4、红米等系列,每次都能掀起抢购热潮,出现一机难求的情况,很多人加价购买。

小米手机的销量逐年大幅增加,2012年719万部,2013年1870万部,2014年6112万部,达到了巅峰。

第 3 章 "小米"的速度与激情

小米手机上演的"超级大片",其背后有太多的不易和努力。

打造 MIUI

MIUI 是小米的第一个产品,是基于 Android 系统深度优化、定制、开发的第三方手机操作系统。2010 年 8 月 16 日 MIUI 发布了首个内测版本。MIUI 大版本每年更新一次,小版本主要分为稳定版与开发版,稳定版不定期更新,开发版每周五更新。

MIUI 采用了互联网开发模式,其关键词就是参与感、口碑。具体来说,就是在 MIUI 开发的过程中,让用户深度参与进来,公司开发人员与用户在网上共同讨论研究,以求让用户达到最完美的体验,然后凭借用户的口碑,让更多的用户参与和使用 MIUI。

每个周五的下午,MIUI 都会推出一个开发版的新版本,让用户使用体验。随后,在下周二让用户提交使用过后的四格体验报告。通过这些报告,可以汇总出用户喜欢哪些功能、讨厌哪些功能、哪里不够好、期待哪些功能。然后,MIUI 团队根据用户的反馈进行修正改进。

在这种模式下,用户不仅使用产品,而且还拥有产品。这种拥有感让用户反馈问题非常积极,并且在反馈完后一起参与改进,可以说,"人人都是产品经理"。

这种用户深度参与的机制,使得 MIUI 以惊人的速度增长。

小米的 MIUI 第一个版本发布时,只有 100 个用户。这些用户都是 MIUI 团队一个一个从第三方论坛"人肉"拉来的。凭借的是用户口口相传,没有一分钱广告,没有任何流量交换。到 2011 年 8 月 16 日,MIUI 发布整整一周年的时候,已经有了 50 万用户。

2013 年 1 月 9 日,MIUI 全球用户突破 1000 万。

2014 年 5 月 15 日,MIUI 用户达到 5000 万。

2015年2月13日，MIUI用户突破1亿。

硬件供应难题

要做高性能手机，必须要有过硬的硬件，比如芯片、屏幕、内存、摄像头等。一部高端智能手机需要800多个元器件，而且许多重要的元器件是定制的，需要供应商和购买者一起研发，这就给雷军造成了很大的困难。这些重要的供应商主要与苹果、HTC、三星、魅族以及其他国产手机品牌合作，对于小米这个"新人"根本就不怎么搭理。

那些大的手机元器件供应商，在选择合作方的时候，首先是调查对方的背景，并且要看对方的盈利情况。盈利水平良好是A，普通是B，不盈利是C……没有账目的是E。而小米就是被评为E。

作为小米的副总裁，周光平给手机芯片生产厂商打电话，说明合作的意愿后，结果被婉拒了。要知道，周光平以前可是摩托罗拉北京研发中心的高级总监，与对方是多年相识的老朋友。

在手机电池方面，周光平在摩托罗拉的时候曾与一家重要的电池生产厂家合作过，有一定的基础，觉得应该问题不大，就要下面的部门经理打电话。结果，对方说话很客气，但就是"打太极"，不谈实质性的问题。没有办法，周光平只得亲自联系，给对方介绍小米，介绍雷军，一直讲了两个小时，效果也不大。最后，周光平每次去找供应商谈的时候就把雷军拉上。

刚开始，雷军没有想到会这么困难。他认为自己拿钱买东西，出的价钱高一点，一定会说服那些手机元器件供应商。结果，在谈判之后他发现，那些顶级的供应商根本就不是钱能搞定的。于是，雷军改变策略，祭出两件法宝：一是给供应商讲MIUI系统，甚至现场打开MIUI开发者论坛，让他们看用户的热门跟帖，有些用户便来自这些供应商，如此一来迅速拉近了双方的距离，合作的事情容易了很多。二是给供应商讲小米的颠覆性模式，以及未来发展的潜力。

另外,小米团队还用耐心和诚心感动供应商。一次接触不行,再进行第二次,第三次……直到取得对方的信任。2011 年 3 月,日本发生地震,导致福岛核泄漏事故。当时,很多人都不敢去日本,而雷军却带领团队奔赴日本,与夏普谈手机屏幕供应问题。夏普的高管很震惊,也很感动。于是,夏普很认真地与小米谈判,从早上 8 点一直谈到晚上 11 点。

随着雷军和团队的不断努力,慢慢地,小米的供应链趋于成熟和稳定。但相比小米的爆发式发展,供应链仍是其最大的问题之一。

小米的"铁人三项"

2012 年 6 月 26 日

今天下午,雷军在北京市朝阳区望京西路的卷石天地大厦 14 层会议室里举行了一场媒体沟通会。

在这次会上,雷军强调小米公司的未来是做"铁人三项",即:硬件 + 软件 + 服务。其中手机硬件将是整个小米公司未来的基础,但它不会承担小米公司赚钱的重任,也就是说小米公司不靠卖手机来赚钱,当然,也不希望它赔钱、烧钱。而做软件和服务是小米公司未来赚钱的主要方向,但这还需要更多的时间去尝试和发现,小米正处在探索阶段。对此,雷军说:"你现在问我小米公司怎么依靠软件、服务赚钱,就好像在百度两岁的时候问李彦宏他怎么赚钱,在腾讯两岁的时候问马化腾他怎么赚钱。我想那个时候,他们自己也不知道。"

确实,互联网业务从开始做到真正找到盈利之门,差不多都需要四五年时间的

造梦者：雷军商传

积累和准备，不管是腾讯，还是阿里巴巴，也包括周鸿祎的奇虎360，都是经过了数年的积累和发展，才逐步摸索到自身赚钱的道路，找到盈利的模式。所以，雷军相信，只要坚持做下去，小米终究会发挥出"铁人三项"理论体系的真正价值。

其实，在小米公司成立初期，"铁人三项"就已经是雷军构架好了的商业模式。在雷军看来，"这三个行业你能有效地结合在一起的话，你的产品在市场上的竞争力，肯定是超乎寻常的。"

小米选择软件作为切入口，所以最先推出了基于Android操作系统深度优化、定制、开发的第三方Android系统ROM——MIUI，然后凭借MIUI系统，培养出了一批忠实的"粉丝"，随后推出了移动互联网上的社交软件——"米聊"。当在操作系统、互联网应用方面获得成功之后，雷军的"铁人三项"战略才开始实施最为关键的一步，推出智能手机硬件。

但是，在雷军实施这个战略之前，智能手机硬件市场份额早已被苹果iPhone、谷歌Android阵营、三星、黑莓等品牌牢牢把控。小米手机要想获得一线生机，并从中脱颖而出，是一件相当困难的事情。最终，雷军定下了小米发展的基本策略：面向"发烧友"打造一款高性价比的优质手机，在不亏本的前提下，尽量不靠硬件赚钱。

雷军认为，以往国内很多厂商都是在做便宜的手机，而小米就是要定位在做最贵、最高端的手机，要做性能最好的手机，但是只卖中档的价格，这就是小米模式。所以小米产品几乎所有的元器件都来自国际顶级供应商，就连做小米盒子也用的是同样的模式。

因此，当雷军以一种高调的方式发布第一款小米手机时，就意味着小米迈出了最重要一步。直到发布这一款手机的那一刻，小米才真正完成了"铁人三项"的布局，顺利将操作系统、手机终端、手机的软硬件合为一体。围绕小米手机这个终端，小米公司将MIUI系统、米聊、迷人浏览器、小米分享、小米司机等一系列小米产品都纳入了小米手机体系当中。

小米的这三大业务形成互相支持又相互独立的状态，MIUI 系统、米聊并不依赖小米手机生存，而是以开放的状态面向全平台提供服务，同时这三大业务又形成了一个完整的智能手机产业链，在各自的领域奋力厮杀。

在小米的"铁人三项"中，软件是小米的最强项，其 MIUI 系统是目前国内业界公认最好的应用层操作系统；硬件是重要的得分项，高性价比的策略为小米聚集了大量粉丝，是小米抢占互联网入口的重要工具，也是小米现金流的重要来源；而互联网服务是小米的弱项，雷军的终极目标就是靠服务赚钱，但还没有取得突破。

在小米的发展过程中，"铁人三项"是大的战略，是大布局，雷军的所有行动都是在这个大框架下进行的。许多人认为，小米之所以能够获得成功，其核心原因就是拥有"铁人三项"这个独特的商业模式。

当然，任何事情都不是一成不变的。随着小米的发展，以及市场环境的变化，2017 年 7 月份，雷军对"铁人三项"进行了升级。"软件 + 硬件 + 互联网服务"变更为"硬件 + 新零售 + 互联网服务"。

从字面上看，只是少了"软件"而增加了"新零售"，但却是小米从产业到商业的一次重新梳理。硬件板块的业务依然是小米自身三大硬件体系：手机、电视、路由和外部的生态链智能硬件；互联网服务板块的业务包括了 MIUI、互娱、云服务、金融、影业；而全新出现的新零售板块则包含小米商城、全网电商、小米之家、米家有品四项。

不难看出，小米原先的软件部分已经被包含到了互联网服务板块，而全新的新零售版图则整合了所有的渠道资源，包括原先位于互联网板块的小米网电商渠道。

在新的"铁人三项"中加入新零售，体现了雷军战略思想的转变。新零售已经成了小米的战略重点。雷军要用互联网的技术和方法来做线下零售。

雷军与互联网大佬的恩怨情仇

2012年6月28日

今天,360特供机AK47上市,雷军和周鸿祎口水大战彻底升级爆发。

雷军在微博上质疑360特供机的配置问题,要求周鸿祎也"晒"下成本清单,并嘲讽其代工"寒碜"、使用便宜的国产屏。

对此,周鸿祎也在微博上作出反击,称360特供机AK47的屏要好过小米手机的屏幕,并翻出小米手机用户此前的拆机爆料,指责小米未"先把自己的屁股擦干净"。同时,对小米的第三轮融资情况再次提出质疑。此前,周鸿祎说雷军不敢说第三轮融资的投资人是谁,是因为雷军在融资阶段向投资人作出了2012年100亿销售额和20到25亿利润的承诺,而小米手机打出的最大卖点却是高性价比,低利润,不赚钱。

他们两人矛盾的焦点在于都做手机。2012年,360的智能手机计划渐渐浮出水面。周鸿祎要做"360特供机",这种模式与小米类似,雷军当然不乐意。自从雷军开创性地以互联网的方式来做智能手机之后,阿里巴巴、百度、腾讯、盛大和网易等都要涉足智能手机的消息,并没有让雷军作出什么反应,但周鸿祎一行动,雷军就坐不住了。也许雷军感到了最大的威胁。

2012年6月29日,网上流传出了一些利用火灾现场、被炸伤的婴儿抹黑360手机的图片,人们纷纷猜测这可能是米粉对360方面此前攻击小米的报复。对此,周鸿祎非常生气,随即转发并进行谴责,而雷军则表示这件事不是小米

第3章 "小米"的速度与激情

员工或米粉干的。于是,两位互联网界的大佬你来我往大打口水战。最后周鸿祎向雷军提出:"约你见面谈一谈,下周一上午十点朝阳公园。"雷军并没有应约,而是表示:"他有什么本事约谈我?把自己看得太大了。"

从表面来看,周鸿祎似乎赢得嘴仗,但实际上却输了。因为此事,360想与华为合作的事情泡汤了,从而失去了硬件厂商的支持。虽然360重新找到了阿尔卡特、夏新、海尔等盟友,但由于实力有限,最终并没有把"360特供机"做起来,以失败而收场。与此同时,雷军和小米则大获成功,创造了一段手机行业的神话。

其实,雷军和周鸿祎都是湖北老乡,刚开始,两人的关系非常不错,后来,渐渐产生了小摩擦。对此,周鸿祎这样表示:

1995年,我研究生毕业,是方正的程序员,属于北漂一族。雷军受求伯君的赏识,少年得志,是金山的二老板。那时候金山还算是方正的,他跟比我早一年分到北京的师兄李昭比较熟,后来一起吃饭就认识了。其实我跟雷军年龄上就差一岁。我们关系最近是刚认识那会儿,都住集体宿舍。他太太跟我是方正的同事,又跟我太太在同一个部门工作,因为这层关系,我们两家一直有来往。我记得,有一段我们有时候还到他家去,我还负责亲自下厨给他们做饭。

当时我初生牛犊,也是很不知天高地厚的。有一次我俩坐在车里聊天,我批评他的软件"盘古组件"做得不好,说了以后,雷军生气了。……这是雷军心头的痛啊。人家已经做公司做了好几年,突然来了一个刚毕业的研究生,上来就说你东西做得不好,他从情感上肯定接受不了。

……

1997年,我在做方正飞扬电子邮件,觉得很开心,想把电子邮件做成一个游戏似的画面。有一天,雷军来我们家玩儿,我就让他看,雷军很不屑地说:"你这是在马桶上绣花,绣得再漂亮,它还是一个马桶。"当然我就不高兴了,对不对。

雷军和周鸿祎的摩擦早在2010年的时候就上升成了矛盾和冲突，主要是业务竞争引起的。

金山和360都在做网络安全业务，作为竞争对手难免短兵相接。

2010年3月，为了反击360安全卫士，金山推出了金山卫士。

周鸿祎当然不会无动于衷，5月21日宣布360安全卫士与金山网盾"不兼容"，并在几天后"突然"连发42条微博披露360与金山之间的恩恩怨怨，双方的争斗就此彻底爆发。

5月底，金山就微博事件对周鸿祎提起诉讼，对簿公堂，要求对方公开道歉，并索赔1200万元。

7月，雷军正式回归，重新掌管金山。随后金山也像360一样宣布毒霸全面免费，并与可牛杀毒进行整合。

12月31日，金山召开紧急发布会，声称360窃取用户隐私并存在泄漏风险，随后360方面表示这是金山在造谣，在抹黑360，双方的争斗日趋白热化。

在重新掌管金山之后，面对咄咄逼人的老乡周鸿祎，雷军的反击相当犀利，可以说是出招皆狠，毫不留情。

雷军与周鸿祎之间的矛盾激化牵扯到一个人，就是傅盛。关于傅盛与周鸿祎的关系我们前面已经讲述过了。互联网观察人士程苓峰曾撰文称："就在雷军准备投资傅盛做可牛影像软件时，雷军收到周鸿祎的带话：不要接受傅盛，接受就是作对。雷军也带话给周鸿祎：第一，傅盛给你打了几年工，但不意味着一辈子是你的人，卖给你了。第二，我跟傅盛讨论的业务不跟360竞争。第三，你让我不投资前360员工，可你投资了多少金山前员工？"

当时，周鸿祎除了率领360与金山等传统网络安全公司争夺市场之外，还与腾讯之间爆发了那场著名的"3Q大战"，并对傅盛及可牛进行"追杀"，其

第 3 章　"小米"的速度与激情

结果却是把金山（雷军）、腾讯（马化腾）、可牛（傅盛）三大对手逼到了一起。在周鸿祎看来，雷军扮演了向马化腾煽风点火的角色。

以前的这些恩恩怨怨，也为 2012 年雷军与周鸿祎之间再次爆发冲突埋下了伏笔。

除了周鸿祎，雷军与黄章的故事也很引人注目。

黄章是魅族手机的创始人。雷军与黄章的恩怨起源于手机。

2002 年底，黄章创建了魅族科技有限公司，主要研发生产 MP3。2003 年 6 月，魅族的第一款 MP3 随身听产品上市。同时，魅族的网站和论坛也开通了。

黄章非常重视用户体验，他经常在论坛与消费者进行互动。每天他至少要花 4 个小时浏览论坛，对于用户发现的技术问题，他几乎都是第一个知道，并及时提出解决方案。在黄章的要求和带动下，魅族公司的每个部门和员工，每天都要到互联网上去了解用户反馈的各种信息和问题。

在黄章的带领下，魅族很快成为了国内 MP3 的领导企业。

2006 年的时候，智能手机的快速发展，给 MP3 带来巨大的冲击。黄章决定放弃 MP3，转做魅族手机。

2009 年 2 月 18 日，首款魅族手机 M8 正式在全国发售。这款手机仅仅推出两个月，就卖出了 10 万部，5 个月之内，销售额就已突破 5 亿元。但很不幸的是，M8 在制造工艺中存在失误，导致用户用了一段时间后，触摸屏会局部失效。这给魅族手机带来巨大的负面影响。

2010 年的时候，雷军正在做天使投资人，就想投资魅族，与黄章合作，共同做手机。雷军和黄章具有很多共同点，两个人都喜欢电子产品，都是极客，都是大 PM（产品经理），都琢磨着在移动互联网做点事情，因此相谈甚欢，一拍即合。

雷军在微博上盛赞黄章的魅族是"国内少有的用心做事情的公司"。黄章则在魅族互动社区回应网友时称："我和雷军是好朋友。"

小米的联合创始人王川说，当年雷军与黄章彼此都是真诚相对，黄章把做手机的经验倾囊相授，雷军则把软件、互联网和公司运作的规则悉数教给黄章，甚至一度愿意为魅族押上自己的全部身家。

但是，随着接触的深入，两个人的分歧越来越大，最终不欢而散。

雷军当时是希望以天使投资人的身份进入，是想做董事长的，而黄章则希望雷军做 CEO，高薪可以，分红可谈，但股份免谈，魅族是黄章的魅族。

而且，在对人才的看法和任用上，两个人也存在很大分歧。这主要体现在两件事情上：第一件是雷军对黄章说，魅族一位高管软件、硬件都很强，但一分钱股份没有，很容易被别人挖走，黄章则说"他被挖走了我自己能干"，这让雷军很震惊；第二件是雷军花了几个月说服黄章从 Windows Phone 手机系统转向 Android 手机系统，并把谷歌中国工程研究院副院长林斌介绍给他，希望黄章能分 5% 的股份给林斌，用来吸引林斌加盟，而黄章不同意。

两人谈崩之后，雷军开始自己做手机，创办了小米科技。

小米手机发布之后，黄章在魅族论坛上发帖，指责雷军打着天使投资人的旗号，获取了诸多魅族的商业秘密，包括生产研发、销售模式，甚至公司的财务报表。此外，黄章认为 MIUI 盗用了魅族系统的部分精华，并称小米是"一家没有底线的公司"。

面对黄章的指责，雷军并未作出正面回应，只是说了一句"他横任他横，明月照大江"，从此以后不再在微博等平台提及魅族相关信息。

在随后的发展中，小米手机突飞猛进，而魅族手机则步履维艰。但是，黄章一直没有放弃对小米的反击。在 2014 年，魅族一改往年作风频频出手，对小米进行吊打。面对魅族的追击，小米在新的一年抢先发布小米 Note，而黄章则在微博发布"呵呵，1 月 19 日魅族发红包"，在网上激起不小的风浪。

2015 年，阿里巴巴投资魅族，黄章获得与雷军小米对阵的底气。同时，他也不得不面对现实，认可了小米所取得的成就。他说："互联网手机做得好的除了雷军、周鸿祎就是我。"虽然认可，但魅族的反击没有停止。以至于有网友开玩笑说："雷军跟你学会了做手机，但你跟雷军学会了卖手机，不如，就在一起吧！"

一个平庸的人，没有人会把他作为对手；一个优秀的人，总会受到别人的挑战。雷军与这些互联网大佬的纠葛，充分说明他是后者。

以颠覆著称的小米模式

2013年8月12日

今天，10万部红米手机QQ空间首卖，90秒被抢购一空。其预约用户达到了745万人，创下了社会化网购新纪录。

小米手机超级火爆的背后，是其颠覆性的模式。

在创业的初期，小米说"以互联网的方式做手机"，别人说"不就是电子商务吗"；

小米说"为发烧友而生"，别人说"发烧友是太小的群体"；

小米说"卖手机就像卖海鲜，不能有库存"，别人说"你是学苹果搞饥饿营销"；

……

对于小米所采用的这种全新的模式，外界很不理解。为此黎万强曾经举例进行了说明：最初小米想要从外面招聘负责市场营销的总监，但外面来的人，会习惯性地设计一套整合营销方案，包括电视、平媒、网络、路牌等各种广告形式的投放。这套东西复杂而且成本高,雷军并不认同。"外面的人根本不懂小米模式。"黎万强不得不接下小米手机的营销任务,说"零投入"有些夸张,但确实是以极低的投入,通过社交媒体将小米的品牌"玩"转了起来。

人们看不懂小米的模式,这也是小米初期遭到质疑的原因。其实,对于雷军而言,重要的不是应对人们的质疑,而是用事实证明自己的正确。他就是用互联网的方式做手机,小米玩的就是颠覆,颠覆掉传统做手机的每一个环节:

别人卖的手机是给用户使用,小米卖手机是让米粉一起玩;

别人在卖产品,小米是在卖"参与感";

别人花巨资用明星做广告,小米用互联网,一分钱不花换来百万粉丝;

别人是请顶尖技术人员闭门做研发,小米是请所有的粉丝来"指手画脚",参与到产品的设计与研发当中;

别人不允许员工泡论坛,不能在微博随便发言,而小米则"全员解放",鼓励所有员工泡在网上,与用户直接接触,将内部评价转移到外部评价;

别人是靠硬件赚钱,小米则是靠增值业务赚钱;

……

雷军用一种全新的模式,颠覆了当时的手机市场,创造了手机销售的奇迹。小米模式的核心,其实就是"不赚钱卖手机",不计成本地做出好手机,让用户尖叫。

雷军宣称小米手机的成本接近零售价格,很多人都不信。要知道,所有手机厂商的商业模式都是靠销售手机赚钱,包括苹果、三星、华为。

那么,雷军为什么要不赚钱卖手机?

这正是小米手机的发展策略,这个策略其实和当年卓越网和当当网竞争的策略是一致的,打折销售是吸引消费者的王道,谁打折多,用户就去谁家买。电子商务竞争的核心是比谁拥有的消费用户多,只要用户存在,以后总会持续

第3章 "小米"的速度与激情

消费的。

但手机又不同,因为用户一换手机,就很有可能换别的品牌,用户的黏性很低,所以大部分手机厂商没有经营用户的意识,特别是国产品牌。

雷军非常聪明,正是看中这个空档,着力解决其中的问题。

小米的策略:在不赚钱的模式上发展手机品牌,软硬件一体化,定位中档机市场——2000元,价格不高不低,基本配置还往高端机上靠齐,甚至领先。小米所选的这个产品空间和利润空间,其他厂商是不太好进入的。

这个模式是标准的颠覆式创新。在这个空间市场,业界领先品牌看不上,因为规模不够大,利润不够多;那些低端山寨品牌,没有能力进入,小米的高性价比就是一道门槛,把这些品牌都挡在了外面。

小米模式如何赚钱?

任何商业行为都是为了利润,真正会赔钱的买卖没有人做。雷军也一样,他最终的目的还是为了赚钱。

虽然手机不赚钱,MIUI也是免费的,但雷军看重的不是这些。

这个可以想一下PC市场,微软靠销售Windows赚钱,可在中国,在Windows上赚钱最多的公司是谁?是腾讯的QQ,它的软件客户端跑在Windows上,免费使用。之所以成为中国最赚钱的互联网公司,因为QQ是很多人都要使用的软件,是很多人每天必经的入口,只要发现最大的赚钱机会,腾讯就可以加入。

360也是如此,免费做安全杀毒,免费提供浏览器,免费帮你管理软件,可当它成为绝大多数人的桌面,所有的软件只有通过它才能接触到用户时,游戏赚钱就收游戏联合运营的钱,团购火爆就收团购的分成费。这样,自然就会赚到钱。

手机是目前人们唯一不可或缺随身携带的电子设备,未来所有的信息服务和电子商务服务都要通过这个设备传递到用户手上,谁能成为这一入口的统治者谁就是新一代的王者。

雷军下血本，不赚钱卖手机，就是为了最终抢占这个入口。

谷歌免费 Android 也是这个策略，它想的是通过搜索和广告赚钱。亚马逊的 Kindle fire 低价亏本销售也是这个策略，只要用户量足够多，以后通过终端销售内容和服务就可以大赚其钱了。

当然，这个策略也是最费钱的，需要足够多的钱来烧。当年的亚马逊亏损多年才成为电子商务的王者。小米为什么不停地融资，也就是这个原因。

风口浪尖上的质疑

2011 年 9 月

在这个月，小米论坛上有一个账号为 ukkku 的网友发帖声称，自己拿到小米工程纪念版手机 10 天之后，屏幕边框就开始出现掉漆。而且，掉漆并不是由保护壳摩擦所致，而是自然脱落，因为掉漆的地方出现在屏幕边框的左侧中部。

而且，这位网友并不是第一次发帖曝光小米手机的质量问题。致使他连续发帖的原因是小米论坛的管理员封掉了他反映小米手机掉漆的帖子，这让他很愤怒。他原本只是想向小米公司提出改进建议，却没有想到遭到如此对待。

让这位网友更为愤怒的是，当他询问论坛管理员为什么封帖时，得到的答复竟然是他没有小米论坛所谓的"荣誉勋章"，不能在相应版块发帖。这也成了整个事件的直接导火索。

除了掉漆之外，这位网友还曝光出了小米手机的其他问题，比如后盖扣不

第3章 "小米"的速度与激情

紧、左右两侧后盖缝隙不一致等。

"掉漆门"的爆发把小米推向了风口浪尖，使其遭受到了很多人的质疑。大家都知道，小米手机正是凭借1.5GHz双核处理器的高配置和1999元的低价格，在国产手机市场上掀起了滔天巨浪。而且，在宣传手机成本的时候，小米公司使用了利润很低、几乎不赚钱等字眼。现在，小米手机被曝质量问题，这不免让人想起了中国的一句古话"一分钱一分货"。

其实，掉漆的现象在许多手机上出现过，即使当时的大品牌诺基亚、摩托罗拉都不能幸免。卖价最高的苹果手机也会出现此类问题。但是，雷军对小米手机的高调宣传让人们产生的高预期，以及小米网管人员的不当处理，使得小米手机的"掉漆门"产生了很大反响。

面对此事，雷军迅速在微博上作出回应："后盖的磨具已经全部重做，使用新的喷漆工艺，量产质量没有问题。目前只是工程机出现个案。而且全部无条件退换。"

小米公司也很快采取了行动，联系了遇到问题的用户，进行了深入的沟通，为用户更换了手机。

除了手机质量，小米手机预售抢购的模式也被广泛诟病。许多抢不到手机的用户在网上大肆吐槽，说小米在搞"饥饿营销""耍猴模式"。

小米这个牌子，大家都知道，一直以来都是以性价比著称的！

但是始终用饥饿营销的方式来戏耍着米粉，是你小米营销的一个败笔。就算是死忠粉也会寒心的！

我只是希望小米以后能将货源备足，然后再发布！（虽然这样做会违背营销手段，但是起码能将小米的口碑撑起来。）如果再这样继续下去，很多米粉会转投其他手机品牌的！

用户至上，没有用户小米就没有未来！

最后说一句，希望那部小米Note2或者叫小米5Plus的，别再用这种方式营销了！

人心散了，就没有了小米生存的余地了！

——来自一个心寒的米粉

让用户愤怒的是，正规渠道抢不到小米手机，但黄牛手里却有，只要加价就能买到。

雷军在微博上说："我们一直在跟黄牛作斗争，我们也希望所有的米粉帮助我们不买黄牛的小米手机。"

雷军的想法是好的，但现实情况却并不好。小米只要采用这种销售模式，是很难杜绝黄牛的。

其实，对于任何一个企业来说，谁不想尽快卖掉产品赚钱。雷军都说"饥饿营销是个伪命题"。小米搞预售抢购是产能问题。确实，小米应该不会刻意去搞饥饿营销，并为此得罪用户，还要和黄牛作斗争。小米手机的销售模式，除了产能，还有其深刻的内在原因。

电子快消品是不可能像白酒那样存货时间越长价值越高的，电子产品存货会导致资产减值，一旦行情有变，存货减值的损失几乎不可估量，因存货不能销售出去而导致倒闭的公司比比皆是。因此，小米采用网上销售模式不会大量存货。

另外，大多数电子产品的生命周期中最重要的发布期也是最好的销售期，谁不想抓住这个关键期大量销售呢？

因此，很少有做实业的公司会刻意去制造饥饿营销，没有人能掌控所有用户的购买行为，谁也不敢拿公司的钱去赌有多少用户会买自己的产品，这样做的风险太大。

第3章 "小米"的速度与激情

产品多元化,构建生态链

2013年9月5日

今天,小米推出首款智能电视产品——小米电视。这是雷军进行多元化进程的第一步。

在雷军的战略构想中,他是通过多元化,来构建生态链。对此,他表示:"做小米手机之前,对于先做手机还是先做路由器,我们是有犹豫的。我们现在的三个核心产品:手机、电视、路由,这三个产品的打法都是依照生态链在延展,我们投做的这些设备、产品都高度和生态链相关。生态链竞争,短期看不到多大效果,但是3~5年内能看到。现在生态链的变革才刚刚开始。"

小米的生态链目标是围绕一个人或者家庭,把各种智能硬件连接起来,构成一张大网,让用户享受高性价比的便利。它主要包括小米手机、小米电视、小米手环、小米路由器、小米电源、小米空气净化器、小米电饭煲等众多产品线。

雷军打造的小米生态链有两个特点:

第一,小米在网络端与用户建立了一种偏紧密的连接。

小米的做法比较独特,它先通过网络使得小米的品牌和影响力逐渐渗透到年轻人中去,培养出大批的粉丝,然后通过这些人的微博、微信以及论坛建立了与用户之间的连接,形成一个巨大的连接网。由于这个连接网的存在,小米在推广产品的时候就非常容易,成本更低,这些成本不仅包括渠道的拓展成本、宣传成本，还包括了企业内部的管理和组织成本。而对于传统企业，其多元化失败的主要原因就在于成本难以有效控制。

第二，小米通过投资非控股的方式，实现了商品的定制化。

小米的众多产品并不是全部自己生产，而是通过投资非控股的模式，与众多企业合作，由小米主导，共同构架生态链。这样做减轻了小米公司的负担，也给了合作公司更灵活的发展空间。我们看小米充电宝的那个公司就已经开始做自己的品牌，小米手环的公司也是。小米构建生态链的方法就是不断地复制，将其制造的理念、互联网的思维、渠道的流量、品牌的影响力赋予合作的公司，然后定制商品。我们都知道沃尔玛、麦德龙、家乐福，其主要盈利都来自于定制商品。定制商品可以保证商品的品质，全流程的控制，以及成本的降低，从而让企业获得利润。

在雷军打造的小米生态链中，小米手机是核心。

小米生态链是围绕小米手机展开和延伸的。手机是入口，只要把入口掌控了，拥有足够多的用户，整个生态链就全部盘活了。

手机是平台型的硬件产品，非常依赖生态链的成长，硬件的竞争从来就是多维竞争，不是多卖一部手机少卖一部手机的问题，而是全生态链的竞争，这是一切的基础。再说回来，小米做生态为什么从硬件入手？原因是在当时的 BAT 格局下，只有这种模式才能突破。在竞争中，小米步步为营，寻找和 BAT 不一样的切入点，同时，小米对利润的追求是很有弹性的，不是寸土必争。这就给小米提供了强大的竞争力。

小米电视

小米基本上是一年推出一款电视。2014 年 5 月推出了小米电视 2 代，2015 年 7 月 16 日，小米在北京举办新品沟通会，正式推出了小米电视 2S，10 月 19 日发布了小米电视 3。2016 年 3 月 23 日，小米电视 3S 发布。2017 年 3

第 3 章 "小米"的速度与激情

月 21 日,小米电视 4 发布。

小米电视本着"为发烧而生"的初心,给用户带来了很多科技体验。小米电视的性价比很高,虽然属于智能电视行业的后起之秀,但很快成了著名电视品牌,受到用户的热捧。

2014 年"双十一",小米电视 2 以 3.7 万台的数量成为大家电平板电视单品销量第一,在天猫"双十一"活动 24 小时内,销售总金额达 1.43 亿元人民币。虽然是首次参加天猫"双十一"的活动,但小米电视独占四项第一:大家电类平板电视单品销量第一;大家电类平板电视单品成交额第一;大家电类平板电视销量破万台最快;大家电类平板电视总成交额破亿最快。

刚开始,小米电视定位为"年轻人的第一台电视",后来,小米电视的战略定位确定为"只做高端旗舰电视"以及"让每个人都买得起"的电视。

小米电视里面内置了小米盒子。小米盒子是一款高清互联网电视盒,是小米手机最发烧配件。

小米盒子的功能非常强大,主要体现在以下几个方面:

(1)可以通过电视免费观看电影、电视剧。

小米盒子通过未来电视有限公司(ICNTV)运营的"中国互联网电视"集成播控平台,为用户全面提供大量的正版授权的电影、电视剧、综艺、动漫和纪录片。

播放能力:几乎支持所有视频格式,RM/RMVB、MKV、TS、FLV、AVI、VOB、MOV、WMV、MP4。可播放 1080p 高清内容。

智能测速:可以根据网络环境,智能选择高速视频来源,保证最佳观看体验。

追剧功能:具有追剧功能,可收藏关注的热播剧集,不会错过任何最新动态。

(2)可以把手机等终端上的照片、视频投射到电视上。

想在电视上给朋友和家人展示最新的旅游照片、精彩视频或音乐时,只要小米手机或 iPhone、iPad 与小米盒子在同一局域网内，在相应的图片、音乐、视频等应用程序上会自动出现"米联"图标。点击后，就可以将手机、平板上的内容，用大屏幕、最佳音响来展示。还可以使用小米手机直接作为遥控器操作小米盒子。

（3）拥有丰富的 Android 游戏及应用。

小米盒子内预置了丰富的游戏及应用,如《豆瓣音乐》《植物大战僵尸》《宝石迷阵》《多米音乐》等，并将对开发者开放 API 接口，更多游戏与应用将随系统更新不断增加。

（4）其软件、节目片源等会不断更新。

小米盒子为互联网开发模式，系统每周升级，不断更新功能及玩法；节目片源每日更新，不会错过任何最新影片及电视剧。

小米盒子与小米电视、小米手机等配套使用,会给用户带来极佳的使用体验。

小米路由器

2013 年 11 月 20 日，小米路由器发布。路由器是小米核心产品之一。

如果说谷歌、Facebook 是软件的门，AppStore 是 App 的门，那路由器就是所有家庭智能终端的门，因为这些智能终端都要通过路由器产生连接。正因为如此，要建立生态链的雷军非常重视路由器的研发生产，把它作为小米的核心产品。

小米路由器共计有 4 款，分别为全新小米路由器、小米路由器 3、小米路由器 Mini、小米路由器青春版。此外，还有一款附件产品，小米 Wi-Fi 放大器。

小米路由器的销量增长很快，到 2016 年 6 月份突破了 600 万台，成为中国智能路由器品类第一。

小米移动电源

2013 年 12 月 3 日，小米发布了第一款 10400mAh 版的移动电源。2014 年

第 3 章 "小米"的速度与激情

12 月,小米官方宣布销售数量达到 1000 万台,已经成为全球销量第一的移动电源。

小米移动电源的生产商为江苏紫米电子技术有限公司(简称紫米)。紫米于 2012 年 5 月在无锡成立,为小米投资的公司。紫米的经营范围为电子产品、通信设备的技术服务、技术转让、设计、研究、开发;电子产品、通信设备的销售;自营和代理各类商品及技术的进出口业务,但国家限定企业经营或禁止进出口的商品和技术除外。主要产品为小米移动电源、蓝牙音箱、蓝牙路由器。

小米手环

2014 年 7 月 22 日,小米手环发布。小米手环延续了小米产品一贯的高性价比,定价仅为 79 元。小米手环主要是解决人们运动时能量计算的问题,成为年轻人喜爱的产品之一。2014 年取得了三个月 100 万的销量。

小米手环的腕带有黑、橙、红、绿、蓝、青六种配色可选。

小米手环的主要功能包括查看运动量,监测睡眠质量,智能闹钟唤醒等。可以通过手机应用实时查看运动量,监测走路和跑步的效果,还可以通过云端识别更多的运动项目。

小米手环能够自动判断是否进入睡眠状态,分别记录深睡及浅睡并汇总睡眠时间,帮助用户监测自己的睡眠质量。

小米手环配备了低功耗蓝牙芯片及加速传感器,待机可达 30 天。另外,它支持 IP67 级别防水防尘,意味着日常生活,甚至是洗澡都无须摘下。

小米手环的生产企业为安徽华米信息科技有限公司(简称华米)。华米是小米和华恒一起成立的合资公司。华米脱胎于原本在国产平板电脑和可穿戴设备上有一席之地的"智器",后来小米投资"智器"后,主攻可穿戴设备的华米科技独立出来。小米手环是小米推出的第一款可穿戴设备,其生产商华米在小米生态链中的地位逐渐凸显出来。

小米空气净化器

2014 年 12 月 9 日,小米发布了新产品——空气净化器。其售价为 899 元,滤芯价格为 149 元。

由于物美价廉,性价比高,小米空气净化器的增长速度也很快。2017 年 1 月份,小米生态链负责人刘德说其年销量达到 200 万台,在国内净化器销量排名中位居第一位。

小米空气净化器的生产商是北京智米科技有限公司(简称智米)。智米是由小米科技 2014 年 3 月投资成立的子公司,其负责人为苏峻和大本雄也。苏峻此前都在高校任职,为清华大学博士和华盛顿大学西雅图分校访问学者,曾担任北方工业大学设计系主任,拥有 14 年教龄,2014 年 6 月加盟小米,任艺术设计总监。而研发经理大本雄也,曾任巴慕达(Balmuda)研发总监,巴慕达是一家以设计著称的日本家电厂商。大本雄也曾经为无印良品(MUJI)设计空气净化器。

小米空气净化器发布后,引起了抄袭的质疑。巴慕达发表声明称,小米科技发布的空气净化器从外形、内部构造以及宣传文案等方面都与其在 2014 年初发布的 AirEngine 安之风空气净化器高度相似。

此前小米科技曾寻求与巴慕达展开合作,但是巴慕达宣称自身的产品开发日程非常紧迫,所以,迄今为止并没有与小米科技进行过任何形式的合作。

而且,大本雄也的工作背景也让"抄袭门"拥有了更多的疑点。为了平息这件事,苏峻甚至雷军都曾出面进行澄清。

小米电饭煲

2016 年 3 月 29 日,小米电饭煲发布。人们戏称小米终于发布了与"米"有关的产品。

小米电饭煲采用的是 IH（Induction Heating）电磁加热技术，精准控制在 1.2 倍大气压 +105℃沸点，让米饭晶莹剔透，口感好，并独创了磁力泄压阀，易清洗，可靠。

小米电饭煲的生产商是上海纯米电子科技有限公司（简称纯米）。2014 年，纯米获得小米及顺为资本等多家投资，加入小米生态链。

小米生态链构建的速度非常快，除了上面介绍的，其产品还包括耳机、摄像机、灯具、血压仪、旅行箱、智能家居、无人机等。

雷军在中国移动的全球合作伙伴大会上透露了一组数据：

3 年时间，小米生态链孵化了 70 多家公司，大部分公司是从零开始；

70 多家公司中，有 30 家生态链企业发布了产品，40 多家的产品正在研发；

70 多家公司中，有 4 家估值超过 10 亿美元，成为独角兽；有 3 家年收入超过 10 亿元人民币；有 16 家年收入超过 1 亿元人民币。

估值 450 亿美元，雷军走向巅峰

2014 年 12 月 29 日

今天，雷军在微博上正式公布了小米的新一轮融资。据他透露，小米估值 450 亿美元，总融资额达到 11 亿美元。小米的这一轮融资的投资人包括 All-Stars、DST、GIC、厚朴投资以及马云的云峰基金等投资机构。

2013 年 8 月的时候，小米获得了第四轮融资，估值超过 100 亿美元。这

已经很让人震惊了。这次更加凶猛,估值达到了 450 亿美元。要知道,小米才"四岁"。雷军达到了人生的巅峰。

关于小米的估值问题,雷军曾表示:"重要的投资者看公司不是看公司能值多少钱,而是看公司未来能挣多少钱,这是巨大思维角度的不一样,比如说去年,小米的估值过 100 亿美元,怎么都算不明白怎么值这么多,我也算不明白,但是投资者认为投小米将来能挣足够多的钱,把风险因素算进去觉得现在值 100 亿美元。"

对于小米的未来,人们充满了期待。2014 年 11 月的时候,小米首次面向海外发行了 10 亿美元的三年期债券,结果受到了包括德银、大小摩、高盛、瑞信在内的 29 家银行的疯抢。

小米公司为什么会被如此看好呢?

首先是高速增长的营收

2014 年上半年,小米含税销售额约为 330 亿元人民币,同比增长 149%。当时,以年出货量 6000 万部来计算,小米预期 2014 年全年营收有望达到 800 亿元人民币。以小米获得 450 亿美元的估值计算,那么这一估值额几近 2014 年预期营收的 3 倍多。小米也确实没有让人失望,2014 年手机出货量达到了 6112 万部,增长 227%,含税收入 743 亿元,增长 135%。而且,小米手机的中国市场份额已经占据第一。

2014 年 11 月,国际调研机构 IDC 和 StrategyAnalytics 分别发布了全球智能手机市场第三季度的调研报告。在这两份报告中,小米手机的出货量和市场份额均排名全球第三,紧随三星与苹果。

其次是电商身份

2014 年的电商是市场发展热点,而小米的身份就是电商,这给其估值加分不少。据中国电子商务学会截至 2014 年 6 月底的中国 B2C 网络零售市场调研显示,小米已经是排名第三位的电子商务公司,前两位是淘宝系和京东商城。

最后是小米生态链

支撑小米高估值的还有生态链的巨大故事。关于小米生态链,我们前面已经讲述过,雷军在编制一张充满想象力的大网。这张大网对投资人很有诱惑力。

第 4 章

雷军的互联网思维

"专注、极致、口碑、快"七字诀是雷军互联网思维的精髓。"用户思维"是雷军互联网思维的基础,没有用户,一切都是空谈。以用户为中心,运用七字诀,雷军创造出了小米神话。

用户思维：一切以用户为中心

2012年12月17日

今天下午，雷军在接受《彭博商业周刊（中文版）》等媒体的采访时表示：一切以"米粉"为中心，其他一切纷至沓来。

经常会有人问雷军小米成功的秘诀到底是什么，而且，有些朋友还要求雷军支招。遇到这种情况，雷军一般会问对方两个问题：

第一，你的目标用户群有没有跟他的朋友推荐过你的产品？

第二，你认识你产品的多少个用户？

有人回答：不认识多少个用户。雷军会继续追问："那你怎么跟他们打成一片呢？你怎么知道他们需要什么呢？"

雷军的这种思维就是典型的互联网思维——用户思维。

在传统商业时代，企业跟客户之间的关系是以信息不对称为前提的，商业模式比较简单：你把产品卖给客户，客户向你付钱，在经济关系里只有两个概念，一个是商家，一个是客户。很多人的意识里只有"客户"这个概念，而没

第 4 章 雷军的互联网思维

有"用户"这个概念。那么,什么是用户?周鸿祎说:"(用户)就是那些你能长期提供一种服务,能长期让他感知你的存在,能长期跟你保持一种联系的人。"环境变了,规则变了,人们的认识也要跟着变。因此,要适应互联网环境,理解互联网的实质,就要理解"用户"这个概念。"

另一方面,从信息传播的角度来看,也决定了用户的重要性。在互联网时代,信息产生和传播的方式发生了革命性的变化。在过去,信息只是那么一小部分人制造和传播,而现在我们每个人都是信息的原产地和传播者;在过去,信息只是一点对多点的单向传播,而现在成为多点对多点的多向传播。更为关键的是,在整个信息产生和传播的过程中,信息不再是这张大网的核心,而是人。也就是说,"用户"才是核心,只有抓住"用户"才能获得成功。

被苹果以 30 亿美元天价收购的高端耳机 Beats,是很多人喜欢的一个品牌。它能超越索尼、BOSE(全美国最大的扬声器厂家之一)这些传统的大品牌,成为高端耳机的第一品牌,最重要的一个原因,就是 Beats 的用户文化。它的创建者是美国知名饶舌歌手 Dr.Dre。Dr.Dre 用了各种大胆的方法来制造用户的认同感和参与感,从而让 Beats 成为人们真正喜欢的高端品牌。

当然,"以用户为核心"不仅仅体现在建立品牌方面,还体现在产品定位、产品研发、产品生产、产品销售、售后服务、管理层设置等各个环节。说得简单一点,就是用户需要什么,我们就给他提供什么;用户什么时候要,我们就在什么时候给;用户要得少,我们可以多给点;用户没有考虑到的,我们替他考虑到了。

在总结前辈和自己的创业经验的基础上,雷军提出了一条核心理念,他认为,"用户思维"是互联网思维的核心,而产品设计、极致用户体验和口碑传播等,都离不开用户的参与,其他各种思维都是围绕用户思维在不同层面的展开。

在小米公司刚成立的时候,雷军就制定了三条规则,其中最重要的一条就是:"与用户交朋友"。

对此，雷军曾提出了"用户不是上帝，而是朋友"的理念。小米也一直致力于让用户全程参与，与用户做朋友。做朋友的心理就是：如果朋友有问题需要找你帮忙解决的话，在能解决的情况下就立刻帮他解决了，即便目前解决不了，也要立刻寻求帮助来设法解决。小米公司就是将这一理念，变成小米一种独特的文化，一种全员行为。

如何才能让"与用户交朋友"落到实处，而不是一句空话？

在这方面，小米学习的是海底捞。小米公司给一线员工赋予了权力，让员工有权为用户提供便捷化服务。在用户投诉或"吐槽"的时候，客服有权按照自己的判断，赠送贴膜或其他小配件给用户。曾有用户打电话到小米公司说，自己买小米是要送给客户的，客户拿到手机之后，还要去自己贴膜，这真是太麻烦了。于是，小米的客服在配送之前特意在订单上加注了送贴膜一个，而这样的贴心服务，当然会赢得客户的青睐。

对于公司的微博客服，小米有一个规定：15分钟快速响应。为此，小米还专门投资开发了一个客服平台。在这个平台上，无论是用户的建议，还是"吐槽"，不会出现无人搭理的情况，在15分钟之内必定会有小米的员工进行回应。雷军说："从我开始，每天会花一个小时的时间回复微博上的评论。包括所有工程师，是否按时回复论坛上的帖子是工作考核的重要指标。"

为了让公司里的工程师能够拥有产品经理的思维，小米从一开始就对所有的员工提出要求，在用户使用小米手机的过程中，无论遇到任何问题，不管是硬件方面还是软件方面，或者是使用方法或技巧，抑或是产品本身出现了缺陷，都要以解决问题的思路把用户当成是朋友一样去提供帮助，绝不能敷衍了事。

小米在发布新的功能之后，还会让工程师与用户进行互动，直面用户对功能的反馈。这样一来，工程师就能立刻看到自己工作的成果，看到其中的不足或者优点。而在平常生活中，小米还会要求工程师参加和"粉丝"聚会的线下活动，让工程师能够感受实实在在的用户，而不是一个遥远的称呼。在活动过程中，有一些"女粉丝"会很热情地拉着他们签名、合影，这让工程师感受到了自己的工作是在为他的"粉丝"做事，这种价值实现很重要。

现如今的许多企业都是本着赚钱的目的，打着为客户服务的旗号大力宣传自己的产品，这样的做法只是表面功夫而已，并不是真心实意。但是能做到肯倾听用户声音、注重和用户互动并真诚面对用户的企业，恐怕不多。而小米就是这样的为数不多的几家企业之一，这也就是为什么小米的产品更容易获得用户认同的原因，也是互联网企业和传统企业的最大不同。小米和用户一起玩，不管是线上还是线下，无论是什么时候，都让用户参与进来，让他们和小米官方团队一起，成为产品改进、品牌传播的"大明星"，并且让用户和小米一起成长。

用户完全把小米当成了"自己人"，这是雷军真正高明的地方。

因为米粉，所以小米

2012年4月6日

今天，小米成立两周年，成千上万的"米粉"从各地赶到北京聚在一起，雷军在台上一呼百应。现场公开发售，10万台小米手机仅用了6分5秒就全部被抢空。而在广州、武汉等地,小米之家本来是上午9点上班,可很多"粉丝"在8点就到门口排队。每一家小米之家成立时都会有人送花、送礼、合影，满一个月的时候还有人来庆祝"满月",甚至还有人专门为小米手机作词作曲写歌。这些"米粉"，成为购买小米的主力军。

小米为什么能在短短几年内成为受用户追捧的品牌？

为什么小米不花一分钱广告费就能实现销售额的倍增？

其最重要的原因在于"米粉"。小米拥有数量众多的粉丝，这些人既是小米手机的使用者，也是小米手机的宣传推广者。

雷军曾说过，"做生意最终是要做一个人群的生意"，通俗地说就是"粉丝经济"。于是，小米提出了"因为米粉，所以小米"的口号。

雷军把粉丝的参与总结为"走群众路线"，他认为，互联网经济的核心就是走"群众路线"，就是要相信群众、发动群众，从群众中来，到群众中去。

为了聚合粉丝的力量，创造出更加轰动的效应，在发布小米手机青春版时，小米作了一个大胆的尝试：不做线下的发布会，而是在微博上做个线上的首发。

2013年，在新产品发布前，小米在微博上进行预热，发布了一系列以"150克青春"为话题的插图，并推出了年度微电影《100个梦想的赞助商》。这部电影讲述了一个小镇上的年轻人坚持赛车梦想的故事，故事原型来自于小米成立之初的真实经历。MIUI发布第一个内测版本时，第一批用户只有100人。当时的小米默默无闻，也没有做任何形式的推广，这最初的100名用户成了小米最珍贵的种子用户。小米公司把他们称为"100个梦想的赞助商"。为了表达谢意，在MIUI的第一个正式版本里，小米把这100名用户的论坛ID写在了开机页面上。

也正是因为这最初的"100个梦想赞助商"的口碑效应，小米产品的知名度才急剧扩散，迅速迎来了倍增的新用户。他们最早证明了小米的设想：粉丝对于好产品的强大推力！

对于"米粉经济"的理解，小米联合创始人黎万强说："2011年7月我第一次面对媒体，说小米做发烧友的手机，说我们相信好产品会说话，用户会相互推荐我们的产品。很多人都不相信小米能成功，但正是这一个又一个用户对

第4章 雷军的互联网思维

我们的认可，推动了我们前行。所以小米内部有一句话：'因为米粉，所以小米'。"

对于一个真正意义上的互联网公司来说，理解"粉丝效应"这一思想比较容易，但对于一直在做硬件的企业可能会有一些难度。这种思想本身所具备的竞争力是内在的，它也是很难被模仿的，具备很强的渗透力。这就是小米创新的地方，也是小米创造奇迹背后的真正因素。

"粉丝效应"的第一个特征是从众性。

别人喜欢某个粉主，我也就喜欢那个粉主。喜欢那个粉主的人越多，就会有越多的人围过来粉之。于是，粉主的粉丝就会越来越多。有了很多的粉丝之后，粉主的影响力更大，于是就可以不断地吸引新的粉丝，使粉丝队伍像滚雪球一样越滚越大，使粉主成为巨无霸般的红人。这就是马太效应。

MIUI最早的100个梦想赞助商就是小米用户的原点，MIUI发布一年后的50万发烧友是小米手机的种子用户，小米手机上百万的论坛活跃用户是小米所有几千万用户的原点。

"粉丝效应"的第二个特征是粉主可以影响粉丝，但不能完全控制粉丝。

这可以用互联网领域常用的"蜂群思维"来解释。它的神奇在于，没有一只蜜蜂控制它，但是有一只看不见的手，一只从大量成员中涌现出来的手，控制着整个群体。它的神奇还在于，量变引起质变。要想从单只蜜蜂的机体过渡到集群机体，只要增加蜜蜂的数量，使大量蜜蜂聚集在一起，使它们能够相互交流就行了。

"粉丝效应"的第三个特征是和用户打成一片。

雷军认为，互联网行业要想壮大，对于用户体验就要非常重视，而用户体验的核心就是和用户打成一片。在这一思维的指引下，小米下了很大的功夫来维持与用户群的直接沟通和交流。雷军说："大家不要低估小米这种模式，我们不是在销售一个产品，我们在通过产品来结交更多的朋友，让他们有机会去参与，有机会去改变一些东西，他们跟我们这种感情不是简单的商品交易。"

"和粉丝打成一片"是雷军用互联网的思想来思考问题的方式。用这个方法把用户变成自己的朋友，让用户来有效参与，这是雷军互联网思维的一个精髓和核心思想。

"痛点"是小米创新的源泉

2013年4月9日

今天，小米的MIUI V5正式版发布。在这个系统版本中，雷军以产品经理的身份，优化设计了手机的录音功能。

雷军经常接受记者的采访。有一次，他发现了一个问题：很多记者用智能手机录音时会遇到被打进来的电话打断、录音时间太长会突然中断等状况。雷军认为，这就是用户的痛点，必须解决，于是就有了MIUI V5中录音功能的优化设计。

痛点，顾名思义，是痛苦的点，是用户在使用产品或服务时抱怨的、不满的，让人感到痛苦的接触点。转化到产品上来说，就是产品的原始需求中被大多数人反复表述过的一个有待解决的问题或有待实现的愿望。

其实，痛点就是从一个细分市场的众多需求中发现隐藏最深的关键点。比如史玉柱当年进行脑白金市场调查的时候，他问老人的需求是什么。老人回答说：一是易于睡眠的；二是帮助肠胃消化的；三是不用自己花钱的。这几个需求大部分厂商都得到了，但是他们都把前两个需求作为痛点需求去做，唯有史

第 4 章 雷军的互联网思维

玉柱将第三个需求作为痛点需求来处理。或许有很多人指责脑白金广告恶俗，但其实只是真实地说出了人们真正的需求。

对于小米而言，关注用户需求，发掘用户痛点，是其脱颖而出的优势之一。小米手机能够快速崛起，就是因为能够了解用户最不满意的地方，并通过不断地改进，来缓解或者解决用户的痛点。可以说，痛点是小米产品创新的源泉。

比如小米的众筹新品——"花漾超轻伞"，这种伞就是通过了解到用户的痛点进行产品定位的。

相信很多人在雨天时，都遇到过雨伞淋湿后的收伞问题，最大的难题是存放不便。雨伞潮湿滴水，放在哪里都不合适。而小米的花漾超轻伞采用经纬纱与纳米不沾水涂层相结合，达到防水功能，有效地解决了雨天伞湿的痛点。

这种伞还具有抗紫外线的防晒功能，能够有效减少紫外线对人体的伤害，比化学护肤品更自然，更科学。另外，这种伞非常轻巧，一把伞的重量仅仅约为 90g，两把雨伞才等于小米 6 的重量。这些都很好地解决了女性的痛点。

其实，对于痛点的深刻认识，雷军早有体会。在诺基亚手机如日中天的时候，作为手机爱好者的雷军，就曾向一位诺基亚全球副总裁提过自己对手机的看法，交流手机设计的想法。结果，那位副总裁无奈地说："你说得很对，但我们就是没法改。"如此漠视用户的需求，这就注定了诺基亚的没落。这也等于给雷军上了一课。所以，在小米的经营过程中，雷军吸取了诺基亚的经验教训。

"如果确定一个需求点是用户痛点，就死磕下去。"这是小米对待用户痛点的态度，也是小米打造让用户尖叫的产品的重要支撑。

专注于一点，才会有火花

2012 年 9 月 11 日

今天，为期 4 天的 2012 中国互联网大会在北京国际会议中心召开。在会上，雷军表示，互联网最核心的思想可以用 7 个字解释：专注、极致、口碑和快。很多人关心小米手机快速成长背后的原因，就是这 7 个字。小米手机过去长达一年的时间里就出了一款手机，这需要专注。

钻木取火大家都知道，为什么能成功取到火呢？就是因为专注于一点，所以才会最终绽放出火花。

在公开场合，雷军曾引用过乔布斯的一句话："专注是极富力量的，而创业公司是非常需要专注的，专注就是说'不'，就算是已经极好的东西也要说'不'！"他认为，专注就是少做点事，或者说只做一件事，在一定时期集中力量实现突破。正所谓"越专注，越专业"。

雷军的这一思想源于乔布斯对苹果公司的改造。

1997 年的时候，苹果公司已经快要破产了，于是就把乔布斯请了回去。一回到苹果公司，乔布斯就传达了这样一个理念：决定不做什么跟决定做什么同样重要。当时，苹果公司的产品线众多，而且每个产品的型号也很混乱，比如麦金塔电脑就有 N 个版本，每个版本还有一堆让人困惑的编号，从 1400 到 9600 都有。面对这众多的产品，乔布斯问了一个非常简单的问题："我应该让

第4章 雷军的互联网思维

我的朋友们购买哪些？"然而却得不到简单的答案。

乔布斯决定先解决"不做什么"的问题。于是他开始压缩产品线，大刀阔斧地砍掉众多型号和产品，很快就砍掉了70%。

即使如此，乔布斯还是无法忍受那些产品。在几周后的一次产品战略会上，乔布斯发飙了。他在白板上画了一根横线和一根竖线，两条线构成了一个方形四格图，然后在上面两格写上"消费级""专业级"，在下面两格写上"台式"和"便携"，最后说"我们的工作就是做四个伟大的产品，每格一个"。

经过讨论研究之后，苹果公司董事会同意了乔布斯的意见。于是，苹果公司集中研发四款产品，即：Power Macintosh G3、Powerbook G3、iMac、iBook。

濒临破产的苹果公司被乔布斯只用了一招"专注"就救活了。1997年苹果公司亏损10.4亿美元，而到了1998年则赢利3.09亿美元。

乔布斯那时候还高调砍掉了"牛顿"项目。这个项目是在做手写设备。乔布斯说，上帝给了我们十支手写笔，我们不要再多发明一个了。

后来的故事，大家应该都不会陌生，停掉"牛顿"后，苹果解放了一批优秀工程师去开发新的移动设备，最终做出了iPhone和iPad。

这对雷军的启发很大，最后他得出了结论：少就是多，专注才有力量，专注才能把东西做到极致。

在小米创立之初，雷军就强调，小米只做一款手机，也只有一个名字，就叫"小米手机"。在手机配置方面，只做顶级配置的手机，同时还要做到性价比最高，至于手机的销售则主要靠网上在线销售。雷军说："当我自己做手机的时候，高度认同乔布斯的'大道至简'，越简单的东西越难做。出一款手机，对手机公司来说是再容易不过的事情了，但只出一款却非常难。如果只出一款，你需要有足够的自信，你得坚信你做的这款手机是天下最好的。如果你不自信就做100款，如果你自信就只做一款，说起来容易做起来难。"

但是，有不少企业的产业链之间的联系并不紧密而深刻，产品盲目地追求大而全，最终导致产品的特性无法优化。事实上，追求大而全的前提是要有一定的综合实力，毕竟不是每个企业都是腾讯公司，都是阿里巴巴。这说明不管企业的产品设定了多少个功能，所有业务的基础都是标签功能。如果腾讯无法做好QQ，那么后续的产品就难以通过QQ获得高流量回报；而如果淘宝和天猫没有做好电子商务平台，也不会有如今的成就。小米的成功也是这个道理。

小米专注于"性价比最高的手机"。这符合雷军的初心——让用户用低价享受高品质的产品。对于追求性价比的用户来说，小米具有很大的诱惑，这些人构成"米粉"的核心。

口碑，口碑，还是口碑

2014年3月30日

今天，2014年IT领袖峰会在深圳正式召开。在会上，雷军发表了演讲。他表示：没有任何一种推广形式比用户口碑更重要。

雷军认为，用户口碑能让自己成为中国乃至世界性的公司。"小米在刚刚成立的一年半里没有对MIUI做任何广告，不到一年时间，全球30万人用。只有不做广告才能真的清楚你的产品有没有足够口碑。"

正因为有这样的认知，所以在创办小米时，雷军要求小米的所有员工只做一件事：口碑。在雷军的互联网七字诀中，口碑占有非常重要的位置，它是整个互联网思维的核心。雷军强调，互联网思维就是口碑为王，因为今天用户主要以口碑来选择产品，口碑决定着你的好坏。

第4章 雷军的互联网思维

口碑是小米推广产品最好的渠道，而这也会使小米的用户逐渐形成一个庞大的群体。如果有人开始使用小米手机，那么他的朋友很可能也将开始使用。通过这种方式，营销信息得到传播。

其实，雷军对口碑营销的理解，主要是借鉴了传统餐饮企业海底捞的经验。海底捞的口碑营销做得非常出色，喜欢吃火锅的朋友很多都体验过。通常情况下，每当中午或傍晚就餐高峰点，等待成了一件很痛苦的事情，但是海底捞却把它变成了一种愉悦。在海底捞，等待就餐的顾客可以享用免费的水果、饮料；服务员会主动送上棋牌供顾客消磨时间，甚至还可以免费美甲、擦皮鞋；服务员还会细心地为长发的女士递上皮筋和发夹，以免头发垂落到食物里；戴眼镜的客人则会得到擦镜布，以免热气模糊镜片；服务员看到你把手机放在台面上，会不声不响地拿来小塑料袋装好，以防油腻，等等。所有的这些都成了人们在互联网上的谈资，从而形成了强大的口碑效应。

雷军认为，要想在互联网上获得良好的口碑，其核心是超预期。

雷军表示，好的用户体验，要超出用户预期，给用户带来惊喜；要能够让用户有所感知；要贯穿于每一个细节。否则，很难获得良好的口碑。

"米粉"凭什么心甘情愿地为产品去摇旗呐喊，并死心塌地帮着去传播品牌？原因就是让他们尖叫的产品，让他们超预期的体验。一个能够让用户尖叫的产品，一定是解决了用户的现实需求，满足了用户的痛点、痒点、兴奋点，并且有极致的用户体验。当用户满足了这种新鲜感、快感甚至荣誉感后，他们就愿意将这种感觉在朋友圈分享，就很有可能"引爆流行"。这个时候，口碑就自然传播开了。

有一次，雷军曾去阿拉伯朝圣。朝圣期间，他专门拜访了全球最豪华的酒店——迪拜帆船酒店。进到酒店之后，他看见店内金碧辉煌，服务员热情又漂亮，他一进门她们就带他四处参观。但对于雷军来说，其实他并不认为这家酒店有多么了不起，甚至他还认为这样的装饰太过于"土豪金"了。但是去了国内的海底捞以后，他却觉得这家企业做得相当不错。

事后，雷军反复琢磨了一番，其实就各方面比较而言，帆船酒店的服务绝对要比海底捞好，但是这样的好却是自己预期范围之内的。"去之前，我已经把它定义为全球最好的酒店，因此一进门就开始挑剔。"最后，雷军把这套理念运用到实际的管理当中，"公司没有KPI（绩效）考核，只考虑两点：一是用户看到产品会不会惊呼；二是用户会不会向朋友推荐产品。"

为了让这套理念得到最大限度的实施，雷军把公司的架构进行了最大限度的扁平化，并将自己大量的时间投入到参与产品设计讨论上。"我常常跟员工讲，整个公司就是一个项目组，我就是项目组组长，里面有5～6个拿主意的人，1～2天对一次话，有想法就立刻拍板、立即执行。"

在互联网时代，用户有绝对的话语权，如果你的产品做得好，超出了用户的预期，不久就会口口相传；如果你的产品做得烂，连用户最基本的要求都没有达到，不久就会骂声一片。所有这一切在过去是不可想象的。但今天，每个人都是信息传播的中心，都可以发布信息，每个人的声音即使弱小，也总能被别人听到。

所以说，产品是否能够成功，用户体验最关键。用户购买了你的产品，并非是与你结束了交易。恰恰相反，当用户开始使用你的产品的时候，用户体验之旅才刚刚开始，而用户的体验之旅是否愉快，将直接影响到你的口碑，影响到你的销售。

互联网时代的信息对称使得用户参与评价产品好坏的能力大大增强。一个产品或一项服务好不好，企业自己说了不算数，而是大家说了才算；好消息或坏消息，大家很快就可以通过社会化媒体分享。信息的公平对等特性，也使社会化媒体具备了极强的舆论自净能力，假的真不了，真的也假不了。

可以说，互联网时代就是口碑为王的时代！雷军正是深深地知道这一点，并围绕这一点开展工作，所以才在短期内取得了辉煌的成就。

第4章 雷军的互联网思维

参与感的"三三法则"

2013年7月

这个月,雷军在接受采访时,先谈了小米成功的6个关键因素,最后说:这6条都是表象,说得直白一点,小米销售的是参与感。这才是小米秘密背后的真正秘密。

那么,什么是参与感?参与感虽然只有简单的三个字,却微言大义。在互联网时代,参与感的含义更广泛,它是指从产品的研发到营销的各个环节,让每一个环节都有用户来参与,让用户贡献内容。

在小米的经营过程中,雷军对于参与感的理解和运用可以说达到了炉火纯青的地步。保持产品的透明度和良好的参与感,是小米取胜的秘诀。可以说,小米卖的不是手机而是贩卖梦想,贩卖参与感。

在传统企业中,产品的研发过程和生产过程对用户基本是封闭的,用户只有在消费终端才能接触到产品。而小米产品的研发和生产则是尽可能地开放更多的节点,让用户最大限度地参与进来。如小米MIUI系统基于用户意见每周更新的"橙色星期五",小米网开放购买的"红色星期二",小米线下的活动"爆米花",小米每年的公司庆典"米粉节",这些都是小米给用户提供的参与机会,满足用户的参与感。让用户参与进来,既满足了他们"在场介入"的心理需求,也抒发了他们"影响世界"的热情,这样才能真正增加用户的黏性。让小米成为"我们的小米",而不是雷军的小米,这就是雷军成功的秘密之一。

还有小米的"开放日"活动,也是在极力提升用户的参与感。

2012年5月4日,小米公司发起首次"开放日"活动,将小米手机的仓储、客服、生产体系完完全全展现在用户面前。当天,小米公司还宣布,在6月底,将会有几个大的物流中心建成,5月份便会启用上海的仓库。实际上,小米公司当时已经在北京东五环外拥有一个仓储物流中心,占地4200平方米,并且小米手机配货区、高值区等功能区域一应俱全。

小米公司举办的"开放日"活动,其实就是让用户参与对产品的评价,这算得上是一次不错的营销。

"开放日"当天,除了小米之家外,还对用户首次开放了小米的客服中心、物流中心。媒体和公众只要预约就能进行参观,详细、近距离地观看小米手机从下单到配货的所有流程,并且有机会在小米公司专业人员的指导下,亲身体验一次小米手机的包装、配送工作。

2012年9月16日,小米公司为感谢小米用户的支持,让用户对手机生产流程有更加直观的认识,再次举办"开放日"活动。不过,这次活动小米公司特地征集了30多名小米用户和微博"草根大号"参加"开放日"的活动,这也是小米公司首次针对"米粉"举办的"开放日"活动。

关于参与感,小米总结出了一个"三三法则"。它包括三个战略和三个战术。

(1)三个战略:一是产品战略,即做爆品;二是用户战略,即做粉丝;三是内容战略,即做自媒体。

参与感的第一个战略支点就是做爆品,这是其产品战略

对于爆品,黎万强的表述是:"产品规划的某个阶段要有魄力只做一个,要做就要做到这个品类的市场第一。产品线不聚焦难于形成规模效应,资源太分散会导致参与感难于展开。"比如,三只松鼠的成功崛起和傲人业绩的背后,

第4章　雷军的互联网思维

就是其善用做爆品战略,早期用碧根果这个单品直击袋装坚果市场,引爆市场,打造出了行业第一的爆款产品。

参与感的第二个战略支点就是做粉丝,这是其用户战略

粉丝的经济价值是由社交媒体最先发现的,其价值最先被苹果运用,在智能手机领域充分显示,它的实质是参与感带来的与用户强关系链之下带有温情色彩的"信任背书"。参与感不仅使得企业获取粉丝的成本大大降低,而且使得企业与用户之间的信任关系更加强化,还使得强势品牌很容易吸引用户狂热的追求,并且借着这种狂热进行品牌的二次传播。

参与感的第三个战略支点就是做自媒体,这是其内容战略

互联网打破了信息传播的界限,也消灭了信息不对称。用黎万强的话说就是:"做自媒体是让企业自己成为互联网的信息节点,让信息流速更快,信息传播结构扁平化,内部组织结构也要配套扁平化。"许多企业推出自媒体平台就是为了引导每个用户都成为"产品的代言人",是为了争夺用户所布局的入口,先圈用户,增加流量,然后靠分享扩散的传播效应等盈利。

比如,2013年的"逻辑思维""陈坤"的会员制收费,程苓峰的广告收费,乃至后续接入微信的广点通广告系统,都是在向人们展示着:看到了没,玩这些是能够挣钱的。

(2)三个战术:一是参与,即开放参与节点;二是互动,即设计互动方式;三是分享,即扩散口碑事件。

参与感的第一个战术就是"开放参与节点"

对于"开放参与节点",黎万强总结说:"把做产品、做服务、做品牌、做销售的过程开放,筛选出企业和用户双方获益的节点,双方获益的参与互动才可持续。开放的节点应该是基于功能需求,越是刚需参与人越多。"

比如，小米公司搞的"开放日"活动，将小米手机的仓储、客服、生产体系完完全全展现在粉丝面前，让用户参与对产品和服务的评价，不仅能起到营销的目的，还能打消粉丝的疑虑，这算得上是一次不错的营销。

参与感的第二个战术就是"设计互动方式"

如今，互动技术已经变成一个媒介。通过互动，不仅可以加强企业和用户之间的情感沟通，还可以通过用户的反馈持续改进产品。成立两周年的时候，小米公司特地从全国各地邀请了近1000名"米粉"参加在798举行的"米粉节"。在"米粉节"上，"粉丝"们非常热情地拉着小米的工程师们签名、合影，这不仅让工程师们感受到了自己是在为他的"粉丝"做事，还会让工程师们与用户进行互动，直面用户对功能的反馈。需要指出的是，互动活动要根据开放的节点进行相应设计，还要遵循"简单、获益、有趣和真实"的设计思路。

参与感的第三个战术就是"扩散口碑事件"

"扩散口碑事件"是一种营销战术，就是通过把一些小圈子里的好玩的内容，通过社交媒体的传播甚至再创造，变成一个众人参与的"大事件"，也就是黎万强所说的"天天上头条"。

实行"扁平化"管理

2013年12月27日

今天，雷军在接受《经济观察报》的记者采访时，谈到了小米的内部管理。

第4章 雷军的互联网思维

他说："我觉得管理方式应该更扁平化。小米就是一个创始人、主管、员工的扁平结构，同时全员客服，全员面向用户。"

雷军认为，扁平化是基于小米相信优秀的人本身就有很强的驱动力和自我管理的能力。只有少做事，管理扁平化才能把事情做到极致，才能快速。

在小米，制度不是核心，雷军才是。

小米的组织架构非常简单，只有三级：七个核心创始人—部门负责人—员工。同时，业务部门内没有层级关系、职级名称、不考察KPI，所有人看上去都是平等的。而且，不会让团队太大，稍微大一点就拆分成小团队。从小米的办公布局就能看出这种组织结构：一层产品、一层营销、一层硬件、一层电商，每层由一名创始人坐镇，能一竿子插到底地执行。大家互不干涉，都希望能够在各自分管的领域给力，一起把这个事情做好。

在小米公司，除了七个创始人有职位，其他人都没有职位，都是工程师，晋升的唯一奖励就是涨薪。员工不需要考虑太多的杂事和杂念，只要一心把事情做好就行了。

这样的管理制度减少了层级之间互相汇报浪费的时间。小米除每周一的1小时公司级例会之外很少开会，也没什么季度总结会、半年总结会。在最初成立的3年多时间里，七个联合创始人只开过三次集体大会。

在小米公司，员工上下班从不打卡，也没有KPI，但要承受很高的工作压力，他们的工作时间普遍采用的是"996制"，即早上9点上班，晚上9点下班，一周工作6天。

雷军的管理风格是身先士卒、以身作则、将心比心，其余全部抛弃。当作为领导的雷军每天都勤奋地工作十几个小时的时候，员工又怎么好意思偷懒？所以，在小米工作有一种紧迫感，虽然没有各种严苛的制度约束，但每个人都很努力。

小米的发展非常快，如果哪一个环节慢下来，他们就会给它贴上标签，称之为"瓶颈",如果这个"瓶颈"是人为造成的,他们会直接告诉他——你成了公司的瓶颈。对于每一个稍微有点自尊心的人来说,都不愿成为"公司的瓶颈"。

在小米公司,雷军的第一定位不是 CEO,而是首席产品经理。他 80% 的时间是参加各种产品会。他每周都要定期与 MIUI、米聊、硬件和营销部门的基层同事坐下来,举行产品层面的讨论会。小米公司的很多产品细节,就是雷军在这样的会议当中与相关业务的一线产品经理、工程师一起讨论确定下来的。

在小米的这种极度扁平化的管理模式中,可以看到谷歌和苹果的影子。谷歌在 2008 年开始了去中心化调整,解散了负责协调工作的运营委员会(OC),将权力分割成几个 PA(产品中心),各自由一个副总裁来负责。这样极大地提高了沟通效率和积极性。小米这种以功能而非分部制来划分的管理模式又类似于苹果,乔布斯讨厌类似势力范围分割的体制,希望形成一个完整的苹果、一个战略、一种信息,小米借鉴了这一点。

但是,谷歌和苹果的这种管理也存在缺陷,前者因为内部自主形成的项目过多所以非常混乱,存在着大量"双重领导",后者在于高度中央集权。雷军通过向合伙人分权,以及让合伙人来控制员工在"一定限度之内的无章法",规避了上述两者的缺点。

小米这种开放、扁平的架构确实很高效,非常适合互联网的快节奏,以及多变的特点。但这种架构也有其局限性。

这种局限性就是小米无法在内部进行大规模、批量的产品线扩张,因为它没有可以支撑大批量扩张的流程和机制。

可是,小米总是要发展,要长大。如何解决这个矛盾呢?

雷军最终给出的答案是:不进行内部扩张,而是通过投资第三方建立生态链。当然,这其中还有一个很重要的原因,就是雷军不希望小米成为一家大公司。大公司有大公司病,看看诺基亚就知道了——随着产业链的成熟,大而全的垄

第 4 章 雷军的互联网思维

断者将面临成本的日益高昂，最终技术优势被消解，败给了小而专注的公司。

确实，雷军希望创立一家世界级的伟大公司，但并不希望是组织体量非常庞大的公司。

刚开始创办小米，雷军的梦想是"办个小餐馆，门口有人排队"。"我很羡慕华为、联想、腾讯、百度、阿里这些成功的大公司，但我不想再办一个华为、腾讯、阿里。小米是一个小公司。"

作为互联网企业，高科技公司，如果过度发展，往往会由于组织架构的臃肿，最终都面临一个问题：他们无法满足消费者、市场对产品变化需求的快速反应。

雷军认为，只有小而精的公司，极度扁平化的公司，才能快速应对用户的需求变化。小米的成功印证了雷军的想法。

然而，雷军的挑战还是来了，因为小米长大了，员工超过了 1 万人，营收也快到了 1000 亿元的关口。

对于这个问题，曾经有媒体提问："小米以扁平化管理著称，小米员工即将突破 1 万人，小米如何在内部建立管理体系？怎样的管理体系可以保证小米一直贯彻的高效呢？"

雷军给出了这样的答复：

我们去年（2016 年）10 月份突破 1 万员工，预计今年零售规模会突破 1000 亿元人民币。所以实际上是在一个管理的坎上，过去五六年小米管理上实施了超扁平化管理，取得了巨大成功。

我们也在探索在 1 万的台阶上我们怎么高效率管理，谈不上经验，我们认为可能还是要结合一些传统的管理理念，然后进行融合。

比如传统管理里强调 KPI，过于强调 KPI 有很多问题，没有 KPI 也有很多问题，怎么在中间找到平衡点，这是小米在实践的东西。

我跟很多企业家交流，他们说企业在 1 万人，1000 亿都是巨大的坎，如果顺利了，很快可以上两三千亿，如果不顺利，会在这里徘徊很久，中国很多企业都在 1000 亿上下徘徊。

这个探索我们正在一两年内做，我们叫补课，补课就是解决这些问题。我觉得我们用成绩说话，如果未来两三年我们成长很顺利，就说明我们解决了这个阶段的问题。

我觉得管理是在每个阶段都有每个阶段不同的问题，我们需要面对这些问题，解决这些问题。

如何才能在组织体量逐渐增大的小米实行扁平化管理，继续保持高效？相信雷军会找到解决的办法。

PART 2

黑色笔记——走得太快,"小米模式"失灵

伴随小米七年征程的，是中国智能手机市场的风起云涌。小米曾经推倒了国外大牌手机筑起的墙，如今自己又成了其他厂商竞相想要推倒的墙。

雷军带领小米一路狂飙，不知不觉间发现环境已经改变，自身处于困境。曾经的风光迅速烟消云散，留下的是各种问题。从此，小米跌落谷底，进入漫长的调整期。

第 5 章

"启蒙红利"吃完,陷入肉搏苦战

"目前是小米的一个谷底。"雷军在小米手机部二次创业誓师大会上如此说。确实,小米掉入了谷底,跌下了神坛,曾经的风光已经荡然无存。

造梦者：雷军商传

小米跌下神坛，遭遇"滑铁卢"

2016 年 2 月 24 日

今天下午，小米手机 5 正式发布。

相比小米手机以前发布会的火爆，小米 5 只能用惨淡来形容。这次发布会被行业称为最"平淡"的发布会。作为小米时隔一年多才更新的旗舰系列机型，小米 5 承载着不少米粉的殷切希望。然而，人们大失所望。

有米粉发帖吐槽：

唉，摸到样机了，很失望。

白色：黑边走航母。

黑色：你最好时刻擦干净背面让它反光，不然那卖相也就千元机的水平。

雷猴说轻的不真实，的确不真实，拿到手里太轻了，不知道是不是我个人的喜好，我还是希望手机拿手里稍微重点，有分量。太轻了我觉得好廉价的感觉。真心的。

第 5 章 "启蒙红利"吃完，陷入肉搏苦战

整体来说，小米之家好多产品的样子，你一眼望过去，真的看不出米 5 有啥亮眼的地方，别人不告诉你这是米 5 你真的不知道，因为它是米 5 而是米 5，而不是有了惹人喜欢的特点而成了米 5……

雷军表示，小米 5 拥有十余项黑科技。这些黑科技分别为：高通骁龙 820，陶瓷材质后盖，全功能 NFC，快充 3.0，四轴防抖，一键换机，更靓的屏幕，改进的机身曲线……

结果，雷军所说的黑科技遭到了广泛质疑，被称为"伪黑科技"，说他这是在拉低米粉的智商。

特别是高通骁龙 820 芯片，被小米给予厚望。

旗舰机小米 5 原定于 2015 年 12 月份发布，但为了等到骁龙 820 量产，发布会被迫后延，甚至不惜放弃年底的最后一波出货机会。然而，2016 年一开年，乐视 Le Max Pro 手机就抢了骁龙 820 全球首发，成了第一款搭载了高通的 SenseID 指纹识别解决方案的旗舰机。要知道，这可是小米几个月前就在极力炫耀的黑科技，结果替别人做了嫁衣，成了笑柄。

更不幸的是，高通 CEO 史蒂夫·莫伦科波夫在 2016 年 1 月的美国 CES 展上公布，目前基于骁龙 820 在研发的手机已经达到 80 多款。丧失了时间优势，没能成为首款搭载骁龙 820 的手机，小米 5 的这番等待变得没有了任何意义。

作为旗舰机，小米 5 承载着雷军前进的希望，然而，希望越大，失望越大。小米 5 被如此质疑，其销量可想而知。

最终，2016 年小米手机在国内市场上被挤到了第五名，OPPO、华为、vivo 分列前三。曾经第一的小米被全面超越。

虽然小米没有公布 2016 年手机的销量，但据有关数据显示，小米手机全年国内出货量只有 4150 万部，暴跌了 36%。而同时，国内其他几大手机却在大步前进，这种一慢一快，让小米的处境堪忧。

小米跌下了神坛,曾经的风光荡然无存。这对志存高远的雷军来说,是一种非常大的打击。

"小米模式"被模仿,失去独特性

2015 年 3 月 26 日

今天,红辣椒 Note 在京东上开售。这被认为是红米手机的翻版。

小辣椒是国内一款手机品牌。2012 年 2 月,语信公司董事长兼 CEO 王晓雁受到小米手机的启发,决定打造一个互联网手机品牌。于是,2012 年 6 月小辣椒诞生了。

雷军给手机起了一个"小米"的名字,而王晓雁给手机起了一个"小辣椒"的名字,再加上"苹果",都是食品。

从名字到产品、销售,小辣椒都在积极模仿小米路线。当小米推出红米 Note 机种,小辣椒就推出红辣椒 Note 机种应战。

这种模仿,让小米失去了独特性,成为小米跌下神坛的原因之一。

小米的辉煌成功,市场多认为与小米手机擅长饥饿营销、高仿、高规、低价、MIUI 界面设计、透过社群网路与经营粉丝等因素密切相关。于是,众多国产手机品牌厂也亦步亦趋,模仿小米的经营模式和策略。小米刚诞生之时曾被视为苹果的翻版,而现在小米自己也有了无数的翻版,就像小辣椒。小米的竞争对手越来越多。

还有乐视手机,也是仿照小米的模式,包括强打高性价比路线、采用类

第5章 "启蒙红利"吃完，陷入肉搏苦战

似的定价策略、大搞预购活动、举行乐视生态节活动，等等。还有，小米喜欢向外界分享手机的预约量一样，而乐视商城的官网也做了同样的事情。

就是华为，也在学习小米。眼看小米靠着网上销售模式大获成功，持续创下销售佳绩，华为也不甘落后，推出了独立的手机电商品牌"荣耀"系列产品。小米有"米粉节"，华为就推"狂欢节"。华为荣耀被认为是借鉴小米互联网手机模式最成功的手机。

但是，荣耀不仅仅只是模仿小米，它身上还聚集了华为的技术优势。小米将重心放在了产业链的后端，即营销和服务。华为的传统优势在前端的芯片和集成，但通过荣耀，华为在很大程度上补上了营销和服务的短板。如此一来，华为手机取长补短，具有了更加强劲的竞争力。这对小米来说，则意味着更加巨大的压力。

在互联网手机的阵营里，还有锤子手机和一加手机，都做得不错。它们都是小米强劲的竞争对手。

小米模式的门槛较低，容易被复制，而且获得了巨大的成功，这正是众多手机品牌纷纷模仿的根本原因。

雷军曾经说："小米的成功你可以复制，但是却无法粘贴。"确实，小米模式有其独特的东西，其他手机品牌无法完全模仿，但它们可以长得和小米很像。这样的手机品牌一两个无法对小米构成威胁，但当数量众多时，小米的市场份额就会逐渐被蚕食。

"互联网+"的红利正在消失

2015年4月17日

今天,在"上财创投选拔创业创新大赛发布论坛"上,作为特邀嘉宾的吴晓波表示,小米新发的红利已在2015年吃完,雷军现在很危险。他指出,小米靠意识形态获得了一个先发优势卡位,接下来考验的是长跑能力。"长跑能力是技术核心开发能力,你现在讲故事别人都会讲。我认为到一定地步以后,不再是讲故事的阶段,是一个核心的部分。"

确实,雷军借着"互联网+"风口,使小米飞了起来。但是,要想长久地飞,就需要持续的动力。如果没有这个动力,当风力减弱,红利消失之后,还是会掉到地上的。

其实,手机行业互联网化红利期的真正享受者主要有两家,小米和华为。小米是红利期最大的受益者,华为荣耀手机则是转型成功的代表者。

当然,任何红利都不会永远存在,总有消失的时候。而手机行业的互联网+红利正在消失,这也是造成小米陷入低谷的重要原因之一。

我们可以从营销、产品、渠道三个方面来分析这一点:

营销:用户对互联网式营销产生厌烦

刚开始,互联网式营销很能吸引用户的眼球和注意力,用户对此充满好奇和兴趣。但时间一长,用户就会出现审美疲劳,甚至对某些做法产生厌烦情绪。

第5章 "启蒙红利"吃完,陷入肉搏苦战

比如,小米手机的网上预售抢购模式,有些人经常抢不到手机,一两次还有兴趣抢,但次数多了,也就厌烦了。

还有各个手机品牌之间的互撕。有人说手机圈正在走向娱乐化,确实如此,就像小米、荣耀、乐视、魅族、奇酷,哪个没有相互撕过,但这绝不应该成为手机行业发展的常态。当互撕成了一场场闹剧后,就如同明星的绯闻,大众消费的只是一个乐子,谁也不会去真正关注剧本的质量,更不会掏钱去消费。对于企业而言,要深深地明白:互撕不会产生真正伟大的品牌,顶多只是提高一点关注度。

当市场上最终只剩下互撕后,看客也感到了厌倦,连关注度都难提升了,也就到了曲终人散的时候了。小米作为这个市场的重要玩家,受到的影响自然很大。

产品:性价比利器逐渐失去锋芒

以配置参数为基础的高性价比是互联网手机品牌的最大卖点,所以,我们时常会看到或听到各种以配置参数为主体的PK。各大手机品牌都在极力宣扬自己手机的配置有多么高,测试跑了多少分。但不幸的是,这种营销模式的魔力正在逐渐消失。

首先是随着经济的发展,人们的消费能力不断提高,人们更愿意选体验更好的高端机。GFK(全球著名市场研究公司)监测数据表明,从2014年到2015年第一季度,国内手机市场600元以下手机的市场份额与销量持续走低,千元以上中高端手机销量强劲,市场份额持续提升。

另外,提配降价成了手机终端等电子消费品近年来的发展趋势,剪刀差日益扩大,这也为用户的更高价位消费提供了可能。

小米手机的最大卖点就是高性价比,经济实惠,但在这样的大势面前,当然会失去往日的优势。

渠道：线上销售逐渐放缓

2012~2014年，手机厂商大力布局线上电商渠道，线上产品销售占比持续攀升至约20%。

然而，进入2015年市场有了新变化。根据GFK监测数据，2014年第四季度，国产手机线上渠道销量是2500万部，2015年第一季度为1900万部，环比下降22.6%。而线下渠道的实际销量从7600万部增加到7700万部。

这和人们的消费水平和习惯有很大的关系。

当人们的消费能力提高以后，更看中的是体验，而不是性价比。对于他们来说，价格很重要，但不是最重要的。他们更愿意选择价格贵一点，但很好用的中高端机。对体验的重视更加有利于线下实体渠道销售。

人们通常不会在网上购买非常贵重的东西，比如珠宝。贵重的东西在实体店里购买让人更放心。所以，对于中高端手机，相差不了多少钱，消费者通常会选择去实体店，而不是在网上购买。

同时，线上的主要市场是一二线城市，这个市场已经接近饱和。市场争夺的战场逐渐转到三线城市以下。而这些地方的销售更依赖于线下，线上的用户并不成熟。

小米的主要销售渠道在线上，这些变化给其带来了巨大的影响。当然，小米现在也在大力发展线下，这个我们后面会有详细讲述。

第 5 章 "启蒙红利"吃完，陷入肉搏苦战

"饥饿营销"让客户产生反感心理

2017 年 2 月 19 日

今天，在 MIUI 官网上，有一位米粉发了如下感言：

买小米手机现在成为一件很鸡肋的事情……配置系统都很好，就是买不到。一部新手机上市以后热度就是 3 个月，不要说 3 个月，就是半年小米都不一定能在官网买得到。饥饿营销已经不适用于当前的市场了，早年的时候苹果搞的这套营销模式，是为了告诉全世界人，物以稀为贵，我的苹果好！现在呢，智能手机市场已经无比繁荣了，不再是苹果一家独大，国产机，华为、OPPO、vivo 都已经崛起，小米的竞争者与替代品有太多……你还要用饥饿营销这一套来做给别人看吗？

……

就比如刚上市的小米 Note2，我一直想买，但却根本抢不到，除非去淘宝上加价买。这就好比一个东西你明知道 10 块钱可以买到，却非得掏 20 块钱才能到手。如果它不是独一无二的，如果它有可以现在就买到的替代品的话，又有几个人愿意等？况且华为现在的大红大紫之势早已盖过了小米。

好，你也可以说我不是小米的死忠粉，但有多少死忠粉的心，是在一次次的等待中被伤害的，你们算过没有？……

小米的这种网上预售抢购模式一直被诟病。虽然这种方式能造势，能吸引人的注意力，也能吊起人的胃口，但更多的是对用户的伤害，引起用户的反感。

通常情况下，人们抢购会有如下心理：对一件产品非常喜欢，有购买欲望，结果太火爆，没货了，好吧，那就等等吧，好东西大家都喜欢。第二次还是抢不到，嗯，好产品值得等待，要有耐心，下一次一定成功。第三次仍然抢不到，一定是网速太慢，换台新电脑继续抢。第四次还是没有抢到，一边去吧，我换一家买！

虽然雷军对抢不到小米手机的情况进行解释，说小米不是在搞饥饿营销，而是产能问题。但是，消费者并不这样认为，他们更多的是发泄怨气，最终选择离开，购买其他品牌的手机。

"呵呵，我只想说小米手机那是真饥饿，不是饥饿营销……"这是用户对小米的调侃，反映出了他对小米的态度。

可以说，长期采用这种销售模式，是小米跌入低谷的又一个原因。

第 6 章

渠道之困：从线上到线下转移

　　线上销售是小米的优势，也是小米的劣势。当线上手机销售市场逐渐饱和，遇到天花板的时候，小米的线下销售这个软肋就显得更软了。如何应对OPPO、vivo、华为这些在线下深耕多年的竞争对手成了雷军的最大挑战。同时，供应渠道、售后渠道的问题，都需要雷军去解决。

转化率降低,线上渠道受阻

2017 年 4 月 9 日

今天,历时 4 天的小米第六届米粉节落下了帷幕。小米公司诞生于 2010 年 4 月 6 日,为了感谢米粉们的一路陪伴,从 2011 年开始,每年的 4 月初,小米公司都要举办米粉节,和广大米粉共同庆祝,并答谢米粉。为了回馈米粉,米粉节期间,线上几乎每一款商品都有不同程度的优惠。

在 2017 年米粉节活动结束后,小米公布了取得的成绩:线上参与人数超 5740 万人,总销售额突破 13.6 亿元。这似乎是一个不错的成绩,然而,对比往年米粉节的情况,就会发现其中隐藏的问题。

2014 年米粉节,参加人数 1500 万人,销售额 15 亿元。

2015 年米粉节,参加人数 1460 万人,销售额 20.8 亿元。

2016 年米粉节(历时一周),累计参加人数 4683 万人,销售额 18.7 亿元。

通过梳理,我们会发现,米粉节的参加人数在增加,而销售额却在下降。而且,前几届米粉节都是一天的销售额,而 2016 年是 7 天的销售额,2017 年

第6章 渠道之困：从线上到线下转移

是4天的销售额。

这说明一个问题：小米的线上转化率在急速降低。

什么是线上转化率呢？

线上转化率就是进入网站进行了相应动作的访问量与总访问量的比率。

计算公式：网站的转化率＝（浏览产品人数/进站总人数）×（进入购买流程人数/浏览产品人数）×（订单数/进入购买流程人数）

通俗地说，有人进入你的网店逛逛，只是浏览商品，这种人叫作潜在顾客，如果有人买了你的东西，这种顾客就叫作成交顾客。你的潜在顾客转化成成交顾客的数量比率就叫作转化率。

线上转化率是一个网店的命脉，如果转化率很低，那么这个网店的经营就很差，就很难获得成功。

小米网上销售的转化率降低，看的人增加了，而真正掏钱购买的人却少了，说明大部分的米粉只是看热闹，或者对小米的优惠不感冒。

其实，小米线上转化率降低，是"因为竞品越来越厉害，消费者也越来越成熟"。这就意味着，粉丝经济、造节促销等线上渠道中惯用的营销手段难以再刺激消费者购买。

或许小米也意识到这一现象，尝试在2017年米粉节中不断加入新元素。小米以过亿元的投放，成了爱奇艺第四季《奇葩说》的独家冠名商，制作了包括马薇薇、黄执中、肖骁、大王等《奇葩说》达人出演米粉节的预热创意视频，而《奇葩说》也在节目中口播与小米合作的新玩法——口令红包，用户打开小米商城App，输入口令"奇葩说"，即可参与"嗨抢1亿红包"的福利活动。而小米商城也同步上线了米粉节互动游戏"向上吧米兔"，用户参与即可赢取包括满减券、代金券、5折券等优惠券红包，红包总价值约1亿元。

但是，这种措施的效果并不明显。曾有米粉表示，他在《奇葩说》亿元红包里抢到一张满100减2元的小米商城礼品券，但由于金额太小，没有使用的兴趣。

小米的线上销售模式遇到了天花板，如何突破成了雷军考虑的重点。对于他来说，两条腿走路，线上线下共同发展才是最佳的选择。

供应链问题重重，产能受到制约

2016 年 5 月 18 日

今天上午，雷军发了一封非常简短的内部信，宣布自己将接管手机研发和供应链管理团队，同时任命周光平担任小米首席科学家。

这封信的原文如下：

各位小米同学：

公司董事会决定，任命周光平博士担任首席科学家，负责手机前沿技术研究。手机研发和供应链管理团队改向我本人直接汇报。本任命即日起生效。

感谢光平过去在小米手机硬件研发、供应链管理上所作出的卓越贡献，感谢他为小米公司的产品研发打下坚实深厚的基础。

手机技术方向迫切需要我们做大量前瞻性研究，进一步提升小米的技术实力。我们希望光平在首席科学家的岗位上不断创新突破，期待光平在探索科技前沿领域方面带给大家更多惊喜。

雷军
2016 年 5 月 18 日

第6章 渠道之困：从线上到线下转移

作为小米的董事长和CEO，雷军为什么要亲自抓手机研发和供应链？

这说明小米的问题已经非常严重，雷军真的急了。

研发和供应链一直是小米的短板。研发问题我们后面会讲述，这里重点讲述供应链问题。

在小米成立初期，经过雷军和团队的共同努力，供应链问题得到了初步的解决，但仍然是制约小米发展的一个瓶颈。

当时，小米在内部建立了一套较为完善的供需生产管理流程：领导层的雷军、林斌、黎万强和周光平每个星期都会召开一个小型的生产会，根据这个星期的销售额、预约购买数等数据确定三个月之后的订单量，而这个生产计划马上就会交由50人的管理团队去实施，并进行及时的跟进管理。

在这个过程中，领导层的每个人都有不同的分工：林斌负责采购核心元器件，黎万强负责小米网电商和仓库，周光平负责供应链管理，雷军则负责统一协调。

现在，雷军对分工进行了调整，亲自主抓研发和供应链。

小米手机的性价比很高，这就给供应链管理带来很大的压力。只有手机的各个硬件质优价廉，才能保证很高的性价比。如果手机的硬件价格降不下来，那手机的整体价格就很难降下来。小米想以更低的价格获得手机硬件，而供应商则想卖出更高的价格，这本身就是一个矛盾。

雷军非常重视供应链的管理，通过各种努力，缓解这种矛盾，使双方都满意，达到双赢。

为了维持与供应商的关系，从2014年开始，小米每年都要召开供应商大会。雷军是希望通过供应商与品牌之间形成良性互动，来构筑起小米手机的每个生产环节。

然而，小米供应链管理的效果并不明显。产品缺货、质量等问题一直困扰着小米。

造梦者：雷军商传

小米总裁林斌曾在接受媒体采访的时候表示，小米供应链从2015年就已经出现了问题，比如金属、指纹识别等热门元素的采购，比竞争对手晚了不少时间。

2016年第一季度小米5发布后，手机供货一直不给力，其主要原因就是行业内遭遇了高通芯片严重缺货的局面。当时，小米需要300万片骁龙820，但高通几乎一片都满足不了。后来，小米又遭遇了内存缺货等尴尬的问题。这些因素聚集在一起给小米造成了巨大的影响，让小米手机在2016年第一季度仅满足了30%的市场需求。

也就是说，小米在该季度至少少卖了600～800万部手机，这也是雷军宣布上述重大调整的主要原因。

不止在芯片环节，在手机屏幕环节也同样存在着产业链各环之间的制衡与反制衡的问题，中国手机制造行业里的大多数厂商都因供应链问题而吃过亏。比如华为、中兴、联想等，都曾被三星在屏幕供应上摆了一道，从而被迫推迟产品上市，导致宣传费用打了水漂。

除了手机，小米的供应链问题还出现在其他产品上。

2013年12月，小米推出了69元的10400mAh的移动电源，但后来却长期缺货，其主要问题就是出在产业供应链方面。

雷军给小米移动电源制定出了令人大跌眼镜的价格，这足以令山寨厂商都咋舌，更特别的是，他还强调用的是LG和三星的进口电芯。然而，在小米的首批移动电源上并没有出现三星电芯的身影。难道是雷军食言了？三星SDI电芯代理商的说法是：羽博、品胜、飞毛腿等重要客户投诉，令三星搁置了低价供货小米的计划。

虽然小米采用全款现金的方式，一次性从LG购入了300万个电芯，获得了低于其他移动电源厂商的价格，但LG和三星一样，也会面临其他客户的压力，不会长期与小米进行这样的合作。

第 6 章 渠道之困：从线上到线下转移

在移动电源产业中，电芯是核心部件，占到了成本的 60%，如果小米不能获得足够的电芯，其移动电源必然会长期缺货。

还有小米电视（包括小米盒子），依然由于供应链问题而受到影响。小米电视的定价、用户体验等都不输于乐视电视，但是由于在内容资源上没有与供应链上其他厂商达成合作，从而出现短板，最终没有乐视火爆。

对于雷军而言，如何掌握好用低价获取用户与安抚供应商之间的平衡，是一个重大的考验。

售后是软肋，常让小米打趔趄

2016 年 9 月 5 日

今天，在百度贴吧，有一位小米手机用户发帖表示：

本来挺支持小米的，也用过好多小米的产品。但是这次真是呵呵了。事情是这样的：

小米 4C 买了半年不到就坏掉。寄修真是让小米售后给气疯了。

手机是 SIM 卡没法读取，我想这肯定是要保修的吧，毕竟不知道怎么就突然读不了卡了，然后手机基本上还是新的，也没有摔过，更没有进过水，只能是手机本身质量有问题。

结果寄到南京维修点，说 SIM 卡座有划痕，属于人工损坏，不给保修。我真是无语，你家插 SIM 卡不会在卡槽上留痕迹吗，这理由也真奇葩的。好，不

造梦者：雷军商传

保修就不保修，我说不保修就不保修吧，你们看要多少钱能修好，然后售后立马说要换主板，我真是彻底无语，什么都要换主板，我买的两个月的新手机啥毛病没有，只是SIM卡读不了了，就说要换主板。然后我就怒了，然后南京那边说没有办法更换配件，如果不换主板的话只能寄去北京，然后他们就寄去北京了。结果北京那边说要换CPU，我就问了，换CPU也不在保修范围之内吗，难道CPU上也有划痕吗？售后中心是这样解释的：我们的保修范围是，只要手机被鉴定为有人为损害的痕迹，不管是痕迹在哪里，都不在保修范围之内。

按照小米公司的保修标准，要是想找到一个在保修范围的，还真是有点难啊，手机充电来回拔插有划痕，不能保修！装SIM卡把卡槽划了，不给保修！

嗯，你们赢了。我不修了，然后，这也是我最后一款小米产品。

最让我无语的是，寄回来之后，发现，把我的手机外壳划破了，好大一个缺口，真难看，本来想去外面随便找个修手机的也不想去了，修好了也太难看了。然后，最最让我无语的，售后把我贴的玻璃贴膜也弄碎了。

只能说，小米售后，你真厉害！！祝你们成功转型为一次性销售公司。

从这位用户怨气十足的描述中，我们能看到小米售后存在的问题。也许小米售后人员是按照公司保修标准来执行的，但并没有站在用户的角度考虑问题。

和小米手机缺货一样，小米手机售后也是广受诟病。因为小米主要是线上销售手机，不像其他线下销售手机的厂商一样建有大量的售后服务点，所以，小米手机的售后维修本身就是个难题。

2012年的时候，就曾经发生过"天价维修费"事件。

当时，有一个用户名为"坏石头"的小米手机用户在小米论坛上发表了名为"顶起来！天价维修费用1800"的帖子，并直播了自己维修手机的过程。

据"坏石头"介绍，他的手机进了水，但一切功能正常，只是屏幕一角出现了小斑点。他联系了小米售后，准备把手机送厂返修，但小米售后称维修费

第6章 渠道之困：从线上到线下转移

需1800元，这一价格仅比1999元的小米手机便宜了199元。

"坏石头"还表示，除了"天价"维修费之外，小米售后服务也"很麻烦"：第一，客服电话，打100多次通一次；第二，网络客服，一上午可排进一次队。

这件事在网上引起了很大的反响。虽然，最后小米公司出面作出了解释——此1800元的价格非维修部件价格，而是更换全新裸机的价格（不含电池和充电器及包装），但是，已经对小米手机的声誉造成了很大的负面影响。

小米售后出现问题的主要原因有以下两点：

第一，手机销量增长太快。任何手机都会出现质量有问题的产品，小米如此大的销量，按照比例来算，必然会有不少质量有问题的手机。而且，由于供应链的问题，小米手机的质量问题相对更多一些。

第二，售后服务体系没有跟上发展的速度。雷军也投入了不少资金构建小米售后服务体系，但面对小米爆炸式的增长，根本就是杯水车薪。

小米手机的售后维修渠道主要有三类：

一是小米自营的"小米之家"。这是雷军重点打造的线下实体店。由于是小米自己经营管理，所以服务一般没有问题。但是，相对于小米手机的销量，"小米之家"太少了。

二是小米授权的线下旗舰店。比如苏宁、国美等等。这些售后服务维修点的服务和收费相对正规一些，通常也不会有太大问题。

三是小米普通授权的售后维修点。这种维修点相对较多，按理来说应该最能方便用户。但是，由于双方只是合作关系，小米根本不可能管得太多，所以这类售后维修点的问题最多，服务最差，收费最贵。作为店家，其目的主要是赚钱，不会太注重小米的品牌形象问题。

售后服务关系着用户的体验和口碑。小米售后服务的滞后和不完善成为其软肋，也是其跌落谷底的因素之一。虽然雷军一直在努力，但这需要一个过程，不可能一蹴而就。

华为、vivo 和 OPPO 对小米的挤压

2017 年 1 月 25 日

今天上午，IHS Technology 中国研究总监王阳在个人微博账号 @Kevin 王的日记本上发布了 2016 年中国十大智能手机厂商排行。

排行榜的具体内容如下：

1. 华为：出货量 1.39 亿部；
2. OPPO：出货量 9500 万部；
3. vivo：出货量 8200 万部；
4. 小米：出货量 5800 万部；
5. 中兴：出货量 5700 万部；
6. 联想：出货量 5000 万部；
7. TCL：出货量 3400 万部；
8. 金立：出货量 2800 万部；
9. 魅族：出货量 2200 万部；
10. 乐视：出货量 1900 万部；

从这个排行榜可以看出，曾经国内第一的小米，其手机出货量连第一位华为出货量的一半都不到。即使排在第二位的 OPPO，也要比小米多 3700 万部，排在第三的 vivo 比小米多 2400 万部。

第 6 章 渠道之困：从线上到线下转移

这是两种销售模式较量的结果。OPPO 和 vivo 主打线下，华为是双品牌战略，华为品牌主打线下，荣耀品牌主打线上，这三家手机的出货量超过全部手机销量的一半还要多。小米手机主打线上，结果输得很惨。

曾几何时，以小米为代表的互联网手机何等风光，现在却集体遭遇了寒冬。线上渠道的逐渐饱和让用户更青睐于到线下渠道购买手机，而华为、OPPO、vivo 这样的厂商正是这种深耕线下渠道模式的受益者。

OPPO 和 vivo，给线下渠道的投入达到了 90% 以上，特别是在二三四线城市，这种投入的效果更好。此外，OPPO、vivo 也比较注重抢占低龄市场以及女性用户群体。这些群体虽然不是主流，但占的比重也不小。

线下渠道模式在国内的成功造就了 OPPO、vivo 这样的国产手机厂商，但同时也淘汰了一批没有把握好机会的手机厂商，比如 IUNI。

IUNI 是金立投资创建的互联网手机品牌，创立于 2013 年 10 月，定位于年轻的用户群体。模仿小米模式是这个品牌建立之初的经营策略。然而，步入 2016 年上半年，手机线上市场开始面临饱和，IUNI 遭遇困境。对于金立而言，IUNI 的线上销售原本就是他们对传统渠道的一个补充，现在线上销售遇阻，他们也就放弃了，这也直接导致了 IUNI 的离开。

现在，国内手机市场已步入存量换机阶段，用户的换机周期正在延长，同时对于产品的工艺设计更加看重，而那些拥有体验式线下渠道的厂商无疑会具备更大的竞争优势。这对主要是线上销售的小米提出了更加严峻的考验。

雷军最主要的问题，就是如何加强线下渠道，夺回被华为、OPPO、vivo 挤压出去的市场份额。这个难度很大，无异于虎口夺食。但是，雷军没有更好的选择，必须背水一战。

当然，出击海外，抢占国际市场是一步好棋。但是，由于受到专利问题的困扰，雷军还需要带领小米作出更加巨大的努力。

第 7 章

品牌之痛,"小米"成为"大米"很困难

"标签"之于品牌,其实就是"品牌联想"。小米手机曾经强调的、给它带来利好的"蜜糖",如今成了品牌和产品上攻的"砒霜"。

品牌定位：曾经的辉煌成了最大障碍

2017 年 1 月 12 日

今天，2016 小米年会在北大邱德拔体育馆举办。在会上，雷军表示："持续的技术创新，我们才能突破并站稳高端机市场。"其进军手机高端市场之心不言自明。

小米的成功，最主要的原因在于其清晰地找到了自身在智能手机市场的定位。要知道，当年处在功能机向智能机转换大潮中的著名手机厂商很多，比如中华酷联、HTC、金立、摩托罗拉、索尼等等。这些厂商有的在大潮到来前就已深耕手机行业 5 年以上，他们对行业的理解，以及对行业的整合能力、供应链管理等都远非小米可比。然而，由于没有认清市场定位和客户需求，除了华为，其他厂商最后都无一例外地被小米远远地甩到了身后。

此时的雷军非常清晰地明白市场到底需要一款怎样的手机。在当时智能手机市场上，苹果手机独领风骚，但其过高的价格却使得众多消费者望"机"兴叹。雷军瞅准机会推出小米手机，开始花大力气打造中国版的苹果手机。于是，

第7章 品牌之痛,"小米"成为"大米"很困难

从演讲PPT风格到生态建设,再到广告模式,小米成了一个十足的苹果学徒。雷军为小米手机确立了"中国消费者需要拥有苹果一样高性能,但价格低廉的手机"这样的市场定位,同时采用纯线上销售的方式,最终获得巨大的成功。

中国有一种特别神奇的力量,那就是复制。一时之间,涌现出了一大批互联网手机品牌,中兴Nubia、华为荣耀、酷派大神、金立IUNI、OPPO、一加、魅族、魅蓝等,纷纷加入智能手机大战。

当有"更多的小米"出现时,市场很快出现饱和,智能手机产能过剩。小米曾经的性价比优势失去了吸引力。当配置越来越趋同,用户的流畅需求得到满足时,便开始追求其他方面的满足。小米开始从巅峰走上下坡路,"跌跌不休"成为常态。

小米手机需要摆脱这种困境,需要突围,重新崛起。雷军在大力发展线下渠道的同时,把目标瞄向了高端机。中低端手机的门槛低,竞争太过激烈,而且利润很薄,做这种手机受累赚钱少,不划算。苹果公司只做了一款手机,但却拿走了手机市场的绝大部分利润。同时,华为也很聪明,选择了做高端机,取得了很大成就,已经能与苹果分庭抗礼了。

然而,当雷军真正向高端机进军的时候,才发现最大的障碍来自于小米自身。小米一开始就定位于"高性价比",专注于中低端市场,这已经在消费者的心中根深蒂固。小米越成功,消费者的这种认知和印象越深刻。在消费者的心目中,小米就是中低端手机的代名词。小米的高端机之路注定充满坎坷。

小米进军高端机的标志是Note旗舰手机的发布。当时,雷军就将小米Note对标为iPhone 6 plus,普通版定价为2299元,顶配版定价为3299元。雷军希望通过Note系列,弥补小米手机生态战略缺失的重要一环。在小米的国际化和智能家居生态圈中,高端智能机具有非常重要的意义。

然而,非常不幸,小米Note旗舰机发布之后,却出现了高通骁龙810芯

片发热、耗电的问题，再加上小米手机在消费者心目中的定位，这严重地制约了其销量。该机型在之后的一年多的时间里被迫连续降价，并最终失去了高端定位。雷军进军高端机的战略遭遇了迎头痛击。

经过两年多的沉淀，雷军再次发力，同时发布了小米 Note2 和全面屏的小米 MIX 两款机型。它们的售价分别为 2799 ~ 3499 元和 3499 ~ 3999 元。从售价来看，这两款手机都被定位于高端机，但是从销量来看，这两款手机的销量跟同价位的手机相比并没有优势。可见，消费者对于小米的高端机并不是很认可。

为了加大推广力度，从来不请代言人的小米手机甚至起用了刘诗诗、梁朝伟等艺人来为手机代言。但是，这没能改变小米性价比的定位。这些艺人的代言只是增强了小米的知名度，与小米是不是能借此变身一个高端品牌没有多大关系。

小米的高端机之路还很长。

从发烧友群体向大众群体切换失误

2013 年 7 月 31 日

今天，红米手机发布。这款手机是小米为千元价位段打造的品牌产品。由于性价比很高，红米屡次刷新我们对于该价位手机的认知，取得了十分成功的市场反响。推出了 3 年时间，红米累计销量已经突破了 1.1 亿部，有着不输于小米手机的号召力，加上国民大叔吴秀波的助阵，俨然成为最接地气的国民手机。

第7章 品牌之痛,"小米"成为"大米"很困难

然而,红米巨大的销量,却是一把双刃剑,在帮助小米实现市场普及和提振销量的同时,也拉低了整个小米的品牌定位。正是红米的出现,使得小米品牌最终彻底走向了低端。

红米手机一味追求高性价比,也使得手机实质上出现了很多问题,而这又反过来给小米整体品牌形象带来了无可挽回的损失。这真是成也靠价格,败也靠价格。水可以载舟,也可以覆舟。

雷军曾经接受《中国企业家》的采访,当时记者问:"红米这条产品线在今年7月已经出售超过1.1亿部,外界认为红米拉低了小米的品牌,您怎么看?"

雷军坦承了红米的失误:

我觉得我们没有很好地处理好小米跟红米这两个品牌的区别,它叫红米跟小米的品牌太近了。这一点是我们初期没经验,这是第一个反思。

第二个反思是我们当时为了产品品质,为了大规模地生产和制造,在产品设计的时候,要求没做到那么高,因为小米老是量产不了,量产的时候遇到很多问题,所以我们在整个设计里面,相对的要求没有那么高。它容易生产、质量可靠,这是第二个反思。

我觉得不是因为卖得便宜拉低了小米的口碑,核心问题是要把红米做得更好。

其实,早在2012年的时候,曾经有一篇《40亿美元估值的疯狂:小米可能步凡客后尘》的文章。在这篇文章中,作者曾提到小米必须面临的一个战略切换,即从早期的发烧友市场向大众市场切换:

到目前为止,它主要的用户都是那些技术发烧友,对他们而言,小米的最大优势,就是它不是苹果,以及它提供的让他们参与到小米进化过程中的机会,

造梦者：雷军商传

即便小米的产品和服务有点瑕疵，他们也有较高的容忍度。但要达到1亿部的销量，小米必须争取更多的对技术没有任何兴趣，只对价格、品牌和性价比感兴趣的大众用户，而他们可是眼里揉不得半点沙子的。

很不幸，小米采取了更为简单的方式来完成这种切换——直接瞄准1000元以下市场的红米。在市场处于高速增长期，用户还是以首次从功能机向智能机切换为主时，这种模式还带来了虚假的繁荣——降低了用户使用的门槛，教育了市场。

但当市场趋于饱和时，用户从首次使用智能机群体转向智能手机换机者群体，他们开始寻找更能符合或彰显自己个性的产品，或者仅仅换一部更加可靠、品质更好的产品，至少是他们认为的可靠好产品（尽管价格更高，而这时他们已经尝到智能手机的好处，不确定性的降低使他们愿意投入更多的钱），而此时红米烙在他们心中的印象使小米的整体品牌受到连累。

如果小米在登上巅峰之时，能够做好战略调整，有更好的定位的话，或许小米不会给华为这么好的机会，包括vivo和OPPO也不会发展得这么快。

同时，雷军对米粉经济的羊群效应估计不足，也是其失误之一。

小米是第一家成功利用"粉丝圈"扩张生意的公司。通过小米论坛、米粉节、爆米花活动、小米之家体验店等举措，让小米"和用户一起玩"，培养了大量的粉丝。

但是，这种粉丝经济会有"羊群效应"。要知道，这些用户或者粉丝的聚集不是理性的选择，而是大家一起觉得很好玩，很酷，很热闹。如果当他们觉得不酷的时候，便会一哄而散。羊群效应的特点是来势汹汹，但去得也快，本身持续力不强。小米的迅速崛起与突然跌落，与这种羊群效应有很大的关系。

第 7 章 品牌之痛,"小米"成为"大米"很困难

冒进思维,让小米品牌受损

2017 年 4 月 19 日

今天,小米的旗舰机小米 6 正式发布,成为国内首款配备高通骁龙 835 芯片的手机。其售价为:小米 6+64GB 版 2499 元,128GB 版 2899 元,陶瓷尊享版 2999 元。

小米 6 被雷军寄予厚望。在发布会上,除了高通骁龙 835 芯片国内首发,四曲面玻璃设计、50 道制程、272 道工序加工的边框等溢美之词都被雷军用在了小米 6 上。经历了近两年的下滑,小米手机太需要提升销量的产品了。

然而,小米 6 似乎有些不争气,刚刚上市就问题频发。小米 6 的质量问题被反馈到了小米论坛上。比较突出的问题有四个:一是自动重启,手机充电时重启的现象最为严重;二是发热严重,被戏称为小米牌暖手宝;三是 Wi-Fi 存在断流问题,即使连接小米自家的路由器也无法避免;四是小米 6 手机后壳顶部玻璃与中框缝隙太大,可以插入 1~2 张 A4 纸。在这几个问题中,小米 6 Wi-Fi 断流问题最严重,小米论坛发起的投票中,有 50% 以上的用户反应自己遇到了这一问题。

对于小米 6 重启的问题,小米官方给出的解释是高通的芯片出现了问题。的确,与小米 6 一样搭载了高通骁龙 835 处理器的三星 S8 也出现了重启的情况。

后来,通过软件升级解决了问题,但对小米品牌声誉的损害却已经造成。

而且，小米已经在这个行业深耕了 7 年，还出现如此多的问题，真有些不应该。

其实，在这些问题的背后，是雷军的焦虑和无奈，是他急于摆脱困境的冒进思维。市场激烈的竞争给了雷军太大的压力。

这种情况在其他手机品牌身上也发生过。三星 Note7 爆炸门，就是三星为了赶在苹果 7 发布前上市，忽略了对电池的全面测试造成的。

自 2015 年开始，小米手机的发展就遇到了瓶颈，销量开始下跌。到了 2016 年，小米手机销量更是大降 36%，其市场份额也跌到了第五名。刚进入 2017 年时，小米手机销量下跌的趋势仍旧在延续，这种岌岌可危的形势确实让雷军很焦虑。连续两年多销量持续下跌，雷军急需一款产品来扭转这种颓势，挽救小米，堪称旗舰机型的小米 6 无疑是承担这一重任的最佳选择。

我们都知道，高通骁龙 835 芯片 2017 年初才正式发布，即便小米能够提前拿到骁龙 835 的工程样片进行调试，时间也相当有限。如此有限的测试时间，难免会出现纰漏。这也注定了小米 6 上市后一定会引发一些问题。雷军也许深知这一点，但对于小米而言，必须抢先发布搭载骁龙 835 芯片的小米 6，因为只有这样才能在营销上抢占制高点。此前，小米 M1 手机上市，同样也是为了在营销上抢占先机，最终导致该手机出现了自动重启、发热等诸多问题。

事实上，小米手机虽然具有高性价比，但每一代都会出现这样或那样的质量问题。一直以来，"为发烧而生"的小米都在竭尽所能地抢占营销制高点，然而由于缺乏庞大的技术团队的支撑，也没有充足的时间进行测试，小米手机出现质量问题在所难免。

对于雷军来说，抢占营销制高点没有问题，小米的强项就是营销，但是，在条件不成熟的情况下贸然行动，其风险也是巨大的。品牌形象受损，也许才是对小米最致命的危害。

第 8 章

清场思维：我们不是来竞争的，我们是来清场的

"我们不是来竞争的，我们是来清场的。"这是业界流传的小米人的一句很经典的话。这句话确实霸气，有横扫一切的气势。只要小米的产品一进入哪个行业，其高性价比就是最锐利的武器，给所有对手造成巨大的压力。然而，这种高性价比的策略违背了企业运营和市场经营的基本规律，注定很难长久。

低价竞争的严重后遗症

2016 年 10 月 18 日

今天,小米宣布旗下的红米 Pro 全线降价 400 元,明天上午 10 点开始以 1099 元起的新价格开售。

小米又挥起了价格的屠刀,誓要将高性价比进行到底。

从性价比来说,小米手机确实很棒,这也是从诞生那一刻起,它就备受用户推崇的一个重要原因。小米采取的是配置高,价格低,外观时尚,主打性价比的策略,这对年轻消费者具有很大的吸引力,让小米手机很快在这些消费者的心目中扎下了根。同时,由于小米完全是在网上销售,让小米手机直接面向消费者,省略了其他经销商的中间环节,节省了大量费用,降低了成本,所以,即使小米定价很低,但也能赚钱。

但也就是四五年时间,小米就迎来了发展的瓶颈,手机销量快速回落。

小米这个令同行"羡慕嫉妒恨"的品牌,为什么如此脆弱?

虽然其原因比较复杂,但是,支撑小米品牌的定价策略存在失误是其中的

第 8 章 清场思维：我们不是来竞争的，而是来清场的

一个重要因素。这真可谓是"成也低价，败也低价"。

小米走的是高性价比路线，这种高配低价的策略违背了企业运营和市场经营的基本规律，可以说是逆天而行。小米受到挫败也就成为必然。

按照常理来说，一分钱，一分货，配置高，价格也高，才能将企业运营带进良性的运营轨道。但是，小米自从诞生的那一刻起，就走了一条截然不同的道路。由于缺乏品牌知名度，如果小米手机定高价，那肯定是无人问津的，所以只有先让利给消费者，才能在短期内迅速打开局面。于是，小米的高配低价策略就诞生了。

但从长远来看，小米的这种发展策略是缺乏持续性的，甚至是很危险的。用品牌营销的专业术语来讲，产品无法卖出高价，那就是品牌附加值低。也就是说，小米最终只能在低端手机品牌阵营里徘徊。虽然在短期内小米打败了其他品牌，获得竞争的胜利，但也留下了严重的后遗症，把自己的后路给堵死了。

而其竞争对手华为，则成熟得多。刚开始，华为采取的也是一种低价策略，希望快速切入手机市场，甚至与运营商捆绑在一起，免费赠送手机。可结果并不如意，手机价格上不去，销量也上不去，做的是赔本赚吆喝的生意。当时，华为的主营业务电信网络设备，为客户提供通信解决方案和服务，对于手机业务并不是非常重视，这严重影响了消费者的信心，自然也影响华为手机的销量。

经过一段时间的摸索之后，华为发现手机业务这样发展下去不行，最终只有死路一条，于是痛下决心，开辟高端机领域，推出旗舰精品，把价格提上来。当然，华为这样做，是因为具备了这种底蕴和能力。因为华为品牌很强，研发实力雄厚，技术积累很深，推出的手机虽然谈不上革命性创新，但每款新机的微创新还是很多的，所以其手机提价也就是自然而然的事。

现在看起来，其转型堪称华丽，高端路线不仅成功，而且被夯实。华为 P 系列，Mate 系列，定价都很高，但新品上市都有不错的销量。这说明华为产品的品牌附加值高，被消费者广泛认可。"做对选择题"的华为手机突飞猛进，

战胜了三星和小米,坐上了中国市场份额"第一把交椅"。

如果华为手机没有做出转型,其价格还是当年的老样子,赚不到钱,哪有实力研发高端产品,华为还会把手机作为主要业务单元和新的增长点吗?如果长期不赚钱,手机这个业务板块,可能早就被任正非从版图上抹去了。

其实,小米最初的战略选择是聪明之举,也是无奈之举。小米品牌初创期,一穷二白,没有任何底蕴和影响力,唯一的依靠是雷军个人的各种资源。不像三星、华为,本身就实力雄厚,底蕴十足。对于雷军而言,只能选择高配低价作为突破点,快速切入市场,做大销售。很幸运,雷军成功了。小米创造了销售奇迹。

可是,出来混,迟早是要还的。因果循环,很难有人摆脱。小米是成也低价,败也低价。低价是一把双刃剑,伤了对手,也伤了自己。

小米模式就是"拉仇恨"的

2016 年 10 月 13 日

今天,雷军参加了 2016 中国(四川)电子商务发展峰会,并作了主题演讲。在演讲中,雷军表示,小米为何在网上有那么多负面报道,就是因为小米的商业模式是"拉仇恨"的。

确实,作为小米的竞争对手,都挺恨小米的。你卖这么低的价格,让其他人怎么活?有钱大家一起赚才对。

这就是市场竞争的残酷,也是市场竞争的魅力。在市场中,每个企业都要

第8章 清场思维：我们不是来竞争的，而是来清场的

千方百计地降低成本，提高效率，否则就会被淘汰。

雷军讲述了小米是如何降低成本的：

我给我自己提出了一个很高的要求，我说我们能不能做出世界一流的产品，按制造成本价零售。这就是我提出的很高的要求和目标。

我说科技产品不是奢侈品，我们怎么让科技产品国民价，让每个人都可以享受科技的乐趣，这其实是我做小米的初衷。

所以，基于这一点，我就在想，我怎么能用接近成本价格去销售，我怎么能把整个的综合成本做到最低，其实我用了很多的招，我只给讲两个招：

第一招专注。在很长时间里，小米一年只做一款手机，传统手机厂商一年做100个型号，这100个型号其实没有太大的差别，它们的研发成本、库存、物流，所有的成本都挺高的。

如果集中精力把一款产品做好，它的成本是最低的。昨天我跟我们长虹的领导交流时，他们也帮我们代工做空气净化器，我说小米每年做空气净化器一年只做一款。

我们刚刚说的20多种产品每年基本上都只做一款，我们的专注是在这个品类上只做一两个型号，聚焦把产品做到极致，这样研发和运作成本最低。

第二件事，我们能不能利用互联网的优势，把市场、营销、渠道、店面这些成本全部重构。

我们怎么重构的呢？

第一个，把市场费用全部干掉，在小米前3年，其实是没有任何市场费用的。

因为没有市场费用，我们成功利用互联网的口碑营销和新媒体营销，让用户喜欢我们的产品，把这种喜欢传递给更多人。基于口碑营销，在刚开始的3年里，市场成本接近零。

接着是渠道成本，零售业成本，这些成本在传统商业里至少占30%到40%

的营业成本。

我们怎么做的呢？我说我们是前店后厂，自己家做了手机，开了一个小米网，直接就卖了，而且很长时间里实现了零库存，因为我们经常生产跟不上。

当然也有一个很深的误解叫作"饥饿营销"，我记得我们是到去年5月份，产能才满足了需求，也就是说前3年我们的产能都严重不足。

所以，这样我们的渠道成本是接近零的，营销成本也是接近零的，基于我们把这几个成本全部干掉之后，得以实现了接近成本价直接零售。

所以，如果这款手机做出来的成本是2000，我们就定价2000，如果做出来这个成本500块钱我们就定价500，如果未来也许有手机成本3000我们就定价3000。

雷军打造的小米模式具有很强的掠夺性，这会给合作者和竞争对手都造成巨大的压力。而且，雷军不只是在手机方面，在其生态链上的所有企业同样都复制小米模式。

小米模式给太多的企业造成威胁，注定要遭到围攻，只要小米出现任何微小的问题，都会被放大。这就给小米的发展造成了一定的影响。

小米推出空气净化器之后不久，空气净化器"三个爸爸"创始人戴赛鹰就评论说，小米模式压低成本，以利润换取市场份额，而小米的"敌人"就可以借机采用更宽松的合作模式。

魅族科技高级副总裁李楠也表示，目前魅族智能生态圈的合作伙伴，大部分是自己找上门来的。在小米投资美的不久，魅族宣布与海尔合作，加入了海尔U+平台。

小米只要进入任何一个新领域，都会让很多对手感到紧张。大家开始不自觉地把小米当成了头号竞争对手。

以前，由于小米还是一个不被看好的选手，没有引起大家的重点关注，所

第 8 章　清场思维：我们不是来竞争的，而是来清场的

以它有足够的时间进行试错，并慢慢地建立起自己的领地。但现在完全不同了，不管是手机市场，还是其他领域，只要小米一触及就会引起很大反响，会突然面临众多的对手。可以说，在小米扩张的道路上，会有越来越多的公司将它视为威胁。小米发展的阻力会越来越大。

消费升级让"清场思维"受到冲击

2017 年 8 月 15 日

今天，伊利中国消费升级指数（NECI）7 月份的数据发布了，相比 6 月份，指数上升了 3.8。在实物商品的类别方面，中高端产品的消费份额仍在提高，而低端产品的消费份额继续下降。7 月，中高端产品的总消费份额已超过实物消费总量的 70%。其实，近些年来，中国的整体消费水平一直在上升。

可以说，无论是基本的衣食住行还是休闲娱乐，一味追求低价的时代已经过去。当消费升级成为市场的主旋律，顺应时代、自我调整就是企业赢得消费者高度信赖的主题词。

消费升级主要有四大特征：一是消费品质从"能温饱"到"要吃好"的转变，消费者对品质的要求越来越高；二是消费形态从"买产品"到"买服务"的转变，消费者不再满足于单纯的产品消费，越来越重视服务性消费；三是消费方式从"线下买"到"线上买"的变化，越来越多的消费者通过网购进行消费；四是消费行为从"标准化"到"个性化"的变化。

特别是前两个特征，对小米以低价清场的方式造成很大的冲击。对于消费

者而言，已经不把性价比放到最重要的位置了，他们更看中体验。比如手机，消费者不只是要求硬件配置高，外表漂亮，更要求好用，用起来很舒服，操作起来方便流畅。如果手机用起来总是出现这样那样的问题，即使配置再高，外表再漂亮，消费者也不会选择购买。

前面我们讲过痛点的概念。对于企业来说，只要抓住痛点，就等于抓住了机会。

刚开始，雷军就真正地抓住了手机的痛点——许多人希望拥有一部智能手机，但购买苹果太贵，购买山寨机太烂。于是，雷军推出了定价不到2000元的中档机小米手机，配置高，价格适中，正好解决了消费者的痛点。因此，小米手机迅速火爆起来，从第一次发售，到年销量6000多万部，只用了短短的4年时间。

然而，消费升级之后，人们的痛点发生了变化，不再把性价比作为首要条件。而小米的战略调整却落后了，小米6发布的时候雷军还在强调"性价比"。同时，华为、OPPO、vivo等品牌强势崛起，给了消费者更多的选择。如此一来，小米的处境可想而知。

当时，雷军为什么要一意孤行地认准"性价比"呢？

其原因可能有两个方面：一是对市场发展方向认知出现了问题——用户的真实需求已经转变为了对手机品质和功能体验的注重，而雷军仍然认为只要是价格低配置高的产品就会得到用户的认可；二是可能小米在技术研发以及产品创意方面确实存在着不足，所以只能够靠性价比做障眼法，来掩盖其真正应该发力的短板。

从雷军后来的行动来看，刚开始两方面的原因都有，后来就只有第二种原因了。其实，雷军已经意识到了问题的严重，小米在技术研发方面发力就是证明。

与小米相比，其他国内手机厂商如华为、OPPO、vivo等之所以销量能够保持增长，一个很大的原因就是它们非常了解用户对于手机的真实需求。

第 8 章　清场思维：我们不是来竞争的，而是来清场的

比如华为，拥有中国手机企业自主研发的唯一大规模量产并用于中高端手机的芯片——海思麒麟。华为每年都要投入巨额的资金进行技术研发，以满足消费者不断变化的需求。2016 年华为研发投入达 764 亿元，占年度总收入的近 15%，2017 年研发投入更是高达 897 亿元。同时，在手机硬件、软件、设计等方面，华为均达到相应领域的先进水平，获得了用户的极大认可。

OPPO、vivo 则是整体均衡，单点突破，在某一方面做得特别好，比如充电、拍照。近两年它们在拍照方面下了很大的功夫，不论是前置自拍还是后置拍照都有了长足的进步，并且也得到了年轻消费者的认可。

相比之下，同期小米手机在功能方面确实没有特别明显的优势，而且也错过了品牌上升的最佳时期，没能摆脱"廉价"的标签，市场份额不断缩水也就很正常了。

第 9 章

多元化,让雷军横竖不舒服

　　多元化是企业在一个行业遇到天花板之后的一条路。在这条路上,成功的企业不少,但失败的企业更多。雷军也走上了这条路,构建小米生态链。雷军的思路是在其他行业复制小米模式,然而,问题并没有想象的那么简单。小米生态链在取得不错成就的同时,也出现了很多问题。

雷军推动小米多元化的逻辑

2016 年 5 月 25 日

今天,小米发布了无人机。这是雷军进行多元化发展的又一个重要产品。

2013 年开始,创业 3 年的雷军推动小米开始了横向多元化发展,其拓展领域包括小米盒子、小米电视、小米耳机、小米移动电源、小米路由器、小米手环等,更多产品还在小米产品开发序列中。

有一种观点认为,小米这种横向多元化会削弱小米累积起来的品牌势能,因而很多人并不看好小米的横向多元化。然而,雷军则表示,这是传统思维,是以产品为中心的理解,而小米不是这样,小米是在产品的基础上经营用户,通过一整套互联网思维打造一套与用户互动的体系,实现生态链的价值交付。如果你这样理解所谓的小米的产品多元化,应该会得出一个不同的结论。

而且,在 2016 年中国(四川)电子商务发展峰会上,雷军详细阐述了小米多元化的逻辑。

在整个效率改善的过程中,其实我们非常感谢互联网,因为小米本身就是

第9章　多元化，让雷军横竖不舒服

一个很大规模的电商平台。

我们仅仅就卖小米品牌的几个单品，几十个 SKU 就做到了几百亿人民币的规模。在这一点上，很多人说小米是手机公司，其实我是这么分的，我觉得淘宝本身是购物中心为主的商业模式，京东是以超市为主的商业模式，其实小米网在互联网上是专卖店的模式，是一个专卖店或者叫作品牌电商。国庆兄刚刚介绍了电商的分类，因为我做电商做的也比较早，2005 年做了卓越网，后来出售给了亚马逊，就是亚马逊（中国），今天再做小米网的时候，是在互联网上把小米网当作专卖店来开的。我认为未来这种"专卖店"会越来越多。建完"专卖店"后巨大的压力是什么？如果我只卖手机，我的客流量不足，就会进入死循环，我的客流量不足就得花很多的钱去买流量，这样不容易获得效率的提升，我是怎么改进的？

我每获得一个用户我就在想："我能不能围绕这个用户用小米模式，给他提供更多电子消费品。"当他走进我这个地方，他所需要的东西都可以买到。很多人就跟我说他们家是小米之家，几乎所有东西都是小米的。我认为这样做效率最高，因为手机是低频的，一两年才买一部，如果用巨大的投资做电商，这个生意是没有规模效应的，因为频度太低了。

基于这一点原因，我们用小米模式开发了二三十个品类，每个品类一两个型号，这样的话，我们这个专卖店才真正有价值。所以，小米在创办之初，就是按照网上"专卖店"的模式设置商业模式的。在初期时，可能避免了大家在做电商过程中的很多痛苦和烦恼。反正我们是不怎么赔钱就干成了这么大规模的电商，这在中国其实也是一个创举。所以，这就是我给大家介绍的小米网的模式，就是小米既是手机公司，也是电商公司，其实也是一家互联网公司。

从雷军的阐述中我们不难看出，随着互联网越来越普及，如果小米想仅仅依靠手机来撑起一片天，那会越来越困难。在这个竞争异常激烈的市场中，只有不断开发创新、寻找新的增长点才能有生存下去的资格,而小米产品的多元化也是希望为客户带来更多的选择,为自己开拓更广阔的发展空间。在雷军看来,只要小米将对手机的专注精神同样投放在其他产品上,那么,对于社会而言,将是一笔无比珍贵的财富。这就是雷军带领小米走多元化发展道路的逻辑。

"小米雷军"退回到了"金山雷军"

2016年5月29日

今天,经济之声《天下公司》发布一篇关于小米的报道称:对于小米来说,最近的日子显然不太好过。为什么不太好过?因为小米遭遇了销量和品牌双滑坡的困境。

确实,小米的发展遇到了天花板,雷军的处境比较困难。对此,各种媒体或者个人纷纷发表看法。其中,有一个观点认为,雷军失去了专注,没有聚焦主产品,而是盲目进行多元化,稀释和透支了小米品牌,"小米雷军"退回到了"金山雷军"。

什么是"金山雷军"?

简单说,就是金山时期的雷军。当年,金山的办公软件WPS曾经占据了国内市场的大部分份额,但是,随着微软进入中国,微软的Office办公软件迅速占领了市场,WPS的市场份额很快减少,险些导致WPS凋零。后来,担任公司总裁的雷军果断采取新的措施,将WPS的界面做得类似于微软的Office,从而为国人所接受,并将销售的重点放在政府办公领域,最终重新崛起。

第 9 章　多元化，让雷军横竖不舒服

同时，金山公司的产品出现了多元化，除了 WPS 办公软件，还开发了杀毒软件、游戏软件、视频播放软件等，弥补了金山的不足，使得金山公司进一步壮大，牢牢地站稳了脚跟，最终成了国产软件公司的佼佼者。

现在，雷军领导的小米遇到了同样的问题，而雷军应对的方法是复制金山时期的做法，实行多元化。

然而，雷军带领小米获得巨大成功的秘诀之一就是专注，只聚焦一种产品，并把它做到极致。这来源于乔布斯做苹果手机的启发。

乔布斯专注到了什么程度呢？他甚至做手机刚开始只做一种颜色，搞了几种颜色之后他觉得不够专注。

所以，当雷军开始做手机的时候，高度认同"大道至简"。他只做了一款手机，也只有一个名字，就叫"小米手机"。

然而，当面对小米困境时，难道雷军真的放弃了专注？其实，这只是雷军无奈之下的变通。他放大了自己的专注，把对小米手机的专注复制到了生态链。

任何企业的发展都不会一帆风顺，都会遇到许多意想不到的问题，小米也不例外。对于雷军来说，小米活下去才最重要。他的变通效果到底如何，现在还不是很明朗。重要的是雷军作出了选择，并为之而不断努力。

基石不稳的多元化，有点操之过急

2016年1月14日

今天，上海市质量技术监督局对上海市生产和销售（含网络销售）的空气净化器产品质量进行了专项监督抽查。

此次共抽查了36批次产品，经过检验，发现有4个批次不合格。包括格瑞卫康、ENVION、三个爸爸、小米等多家企业的空气净化器不合格。其中，小米空气净化器的固态污染物洁净空气量、噪声质量存在严重问题。

此前，就曾有微博用户反映小米空气净化器存在不拆封滤芯塑料膜时仍可消耗滤芯的情况，认为小米空气净化器有造假嫌疑。随后，《证券日报》记者针对此事进行调查，采访了几位小米空气净化器的用户，其中有用户证实，自己之前购买的一代小米净化器确实存在那位微博用户反映的情况。对于消费者而言，他不管净化器是否为小米所生产，但只要产品贴上小米的牌子，小米就应该对其质量负责，对用户负责。

还有"打假第一人"王海，曾在其微博爆料，红米Note2的屏幕和摄像头存在造假欺诈嫌疑。王海表示，红米Note2宣称"5.5英寸夏普/友达1080p全高清屏幕；三星1300万像素相机"，但经过查询之后却发现其屏幕为国产天马，摄像头为欧光菲，而不是三星。

通过上面这几次事件来看，小米在产品多元化这条路上出现了问题。

第 9 章 多元化，让雷军横竖不舒服

对于一个品牌来说，要想进行多元化，其核心产品必须足够强大，拥有极强的竞争力。也就是说，品牌的基石要稳固，能够承受品牌延伸带来的冲击力，否则只会使品牌弱化，最终导致多元化失败。显然，小米的品牌还没有强大到和苹果、三星一样。在这种情况下急急忙忙地进行多元化，分散了其在手机上的研发以及其他方面的投入，很难做到雷军所说的专注和极致，从而出现各种各样的问题。

而且，小米进行的多元化是横向的，是扩散型的，以小米品牌为核心，包括电视、路由器、净化器、插线板、电饭煲、手环、血压仪、移动电源，甚至还有平衡车、无人机、扫地机器人、围巾等，无怪乎被称为"小米杂货铺"。

苹果公司也进行了多元化，但是它的多元化是垂直的，使产品更加专业化。

苹果的产品线非常简单，只有 iPhone、iPod、iPad、Mac 等几款产品。为了追求极致的产品体验，苹果进行了一系列的垂直式收购。

苹果的收购都是紧紧地围绕其产品展开的：

触控技术：2005 年，收购了 FingerWorks，这是一家专门研究手势识别技术的公司。两年之后，苹果新推出的手机上就搭载多点触控功能。

处理器技术：2008 年，以 2.78 亿美元收购了 P.A.Semi，这是一家专注于超低功耗处理器设计的公司。正是因为收购了这家公司，苹果才研发出了超低功耗 A 系列处理器。

语音技术：2010 年，收购了 Siri，这是一家语音搜索软件公司。随后 2011 年苹果发布 Siri 语音助理，并集成到 iPhone 4S 中，作为 iOS 操作系统的一部分。

指纹识别技术：2012 年，以 3.56 亿美元收购了 AuthenTec，这是一家指纹传感器研究公司。一年之后，AuthenTec 的技术变成 Touch ID，被应用于苹果 iPhone 5s 的安全指纹传感器当中。

3D 传感器技术：2013 年，收购了以色列公司 PrimeSense，这是一家专门研发 3D 传感器技术的公司。通过这次收购，使得苹果在体感操作方面的研发

成本及周期都得到改善。

　　通过上面这几个案例就可以看出，苹果公司的多元化完全是纵深垂直的方式，而不是横向扩散的方式，而且非常具有技术的预见性和前瞻性。通过这种方式，苹果不但提高了技术门槛，阻挡了其他竞争对手的模仿和进入，更为重要的是向用户提供了极致的体验，获得了用户的青睐。

　　反观小米，本身品牌基石就不稳固，而且还采取了横向产品扩张策略，这就导致其在核心产品手机上投入不够，结果竞争力下降，逐渐跌入低谷。

第 10 章

错过了上市和国际扩张的好机会

雷军做任何事情都有其理由，比如小米不上市、小米国际化。然而，从更加客观的角度来说，小米在其巅峰时上市，或者更早地走出国门，进行国际化，也许是小米最为正确的选择。

小米不上市，雷军给出的理由

2014 年 11 月 19 日

今天，首届世界互联网大会召开。雷军在大会分论坛上首次公开表示，小米 5 年之内不会上市。

互联网是一个烧钱的行业，通过上市可以获得充足的发展资金。所以，上市是许多互联网企业的梦想。但雷军例外，他并不急着让小米上市。

2015 年 5 月份，在小米 Note 顶配版正式发售后，有媒体开玩笑，对雷军说："今年是不是可以说 4 年之内不会上市？"雷军笑称：2015 年继续宣布 "5 年之内不会上市"。

当时，雷军声称小米现金流充沛，短期内不会考虑新的融资，如果有资金的需要，将会考虑银行贷款或发债等其他金融手段。对于如何有效激励小米员工，雷军表示，一个好的企业需要 10 年左右的发展，小米才 5 年，因此 5 年之内不会上市，小米绝大部分股权都在团队手上，员工将通过全员持股在未来获得丰厚回报。

第10章　错过了上市和国际扩张的好机会

在2016年夏季达沃斯论坛上,知名财经作家吴晓波又将"小米何时上市"的问题抛向了雷军。虽然雷军已经说过小米"5年内不上市",但由于好奇心的驱使,人们仍然对雷军如何答复充满兴趣。

当时,雷军一如既往地表示"小米5年内不上市",并说"其实从小米模式创立开始就知道需要15年时间"。对于雷军所谓的"用15年证明小米模式"人们非常好奇,为什么不是10年或者20年,而一定要是15年呢?这也许能从雷军的一些言论中找到蛛丝马迹。雷军2016年4月23日在中国企业家俱乐部绿公司年会上进行了演讲,原话是这样的:

在美国生活的我的那些同学、朋友,我问了几个人,我说你们去COSTCO(好士多)吗?大部分人回答说"我只去COSTCO",还有人回答说COSTCO没有卖的我再去别的商店。把所有的用户都变成了粉丝……大概用了十五六年时间获得了美国消费者的信赖,COSTCO最近十年的经营是蒸蒸日上。

COSTCO是美国一家非常著名的商超,它的服务目标只是锁定美国的5000万中产阶级。它的经营策略是通过精选商品来赢得这些消费者。与普通超市一类商品需要高中低几十种品牌完全不同,COSTCO每类产品只选择了两到三个品牌,而且每种商品都要经过CEO亲自挑选或者使用,只有他们认为具有"爆款"潜质,能给用户带来惊喜的商品才能上架。

COSTCO的这种低SKU模式,极大地降低了商品库存周期,提高了资金使用效率,压缩了运营成本。这种模式的核心在于,在广告和促销上尽量少花钱,但在挑选商品、陈列商品等环节下大力气,让用户体验与服务环节充分增值。

另外,COSTCO吸引用户的一大优点是物美价廉。COSTCO规定,其超市里面所有商品的毛利率不超过14%,平均7%,大大低于一般超市的毛利率(15%~25%)。对于COSTCO来说,其主要利润来源不是商品销售,而是会员年费（55~110 美元）。COSTCO 实行的是会员制，要想进入 COSTCO 进行购物，就需要持有会员卡，或者同伴持有会员卡。其会员分为执行会员和非执行会员两类，执行会员有资格在一年内享受其消费总额 2%，最高 750 美元的返现以及一部分保险优惠。由于 COSTCO 良好的购物体验，以及各种措施的到位，其会员续费率达到了惊人的 90%。也就是说，COSTCO 每年的会员流失率只有 10%，这比普通超市要高得多。

对于 COSTCO 的用户来说，会员本身就是一种身份的标签，拥有这个标签后就意味着这是 COSTCO 所服务的中产阶层，可以享受比别的地方便宜得多的优质商品。这也让更多用户愿意续费以保留会员资格。

作为雷军一直非常推崇的零售企业，COSTCO 对于小米的影响体现在很多方面，例如 COSTCO 注重打造单款爆品、低价优质、采购和自有品牌相结合等经营策略，在小米身上或多或少都能够找到影子。COSTCO 大概用了十五六年时间获得消费者的青睐，雷军也是准备用这个时间来证明小米模式。

其实，企业上市需要时机成熟，雷军认为小米还没有到上市的时候，所以没有走出这一步棋。虽然，雷军给出了小米不上市的理由，但应该不是全部。

首先，上市意味着放松掌控权

小米上市后，一切决策都要通过董事会商议决定，雷军对企业的控制会减弱。如此一来，雷军的有些战略意图和想法实行起来就没有那么容易了，因为必须先说服董事会。上市以后，公司容易遭受巨大变故，而且小米的状况并不是非常好，在不是急需钱的情况下，雷军是不愿意承担这种无法预测的风险的。

其次，小米生态链还很不完善

雷军打造的小米生态链已经初具规模，触角伸向了多个领域。2014 年的时候，雷军曾经雄心勃勃地表示计划在未来的 5 年时间中投资 100 家公司来复制小米模式，而现在，这个计划还在进行中。

第10章 错过了上市和国际扩张的好机会

可以说,雷军在小米生态链的布局非常积极,从路由器到电视、从入股美的到推出智能模块,小米发展的每一步都走得很扎实,目的也很明确。雷军的目标就是"以手机为中心,连接所有智能设备",而与此密切相关的智能模块和小米智能家庭应用被他放在了至关重要的位置上。虽然雷军打造的小米生态链已经取得了一定的成就,但距离真正的"生态系统"还有很长的距离,现在只是搭建了一个庞大的网络,还没有形成真正的生态,产生巨大的生态效应。小米生态链还需要不断地完善。当小米生态链真正完善之时,也就是小米上市之时。

最后,雷军不想亮出自己的底牌

如果一家企业选择上市,那么就意味着它要转变成为公共企业,就要接受各种制约和监督,就需要向公众真实地披露大量的财务数据和内部运营信息,这对于对自身业绩数据一直讳莫如深的小米而言将会相当难受。小米很少在公开场合披露详细的财务和运营数据,所以人们自然无法准确推测小米的战略布局和投资收益。

小米极力"保护"这些数据的主要原因在于对竞争对手的忌惮。雷军和其团队善于凭借话题和事件进行炒作,并借此让小米大获成功,但在这个过程中也树敌很多,比如魅族、华为和乐视等都曾经与小米发生过摩擦。对于小米的一举一动,国内的大部分手机厂商都紧盯不放,对此,雷军曾慨叹竞争对手对小米的研究已经达到"像素级别",所以,如果小米还没有作好充分的准备,是不会选择上市的,因为那就等于亮出了自己的底牌,这应该算是兵家大忌,雷军自然不会犯如此低级的错误。

对于经常进行"清场"的小米而言,在足够强大之前,捂紧自己的底牌是最明智的选择。

独角兽贬值，小米错过最佳上市期

2016年8月27日

今天，《参考消息》刊登了一篇题为《法媒称小米市值暴跌："中国苹果"变"亚洲黑莓"》的文章，在国内各大门户和新闻客户端广泛转载，搜狐科技评论更达1000多条。

文章报道，法国《费加罗报》6月13日刊登埃尔莎·邦巴龙题为《"中国苹果"小米昙花一现的童话》的文章称，英美分析家们拿着计算器重新评估了前"中国最有希望的新创企业"的市值，小米的估值从2014年12月的450亿美元，已经贬值为40亿美元，贬值幅度超过90%！

针对此事，小米官方进行了紧急辟谣。但是，随着小米发展受阻，手机销量暴跌，其估值下跌已是事实。

诚如上文所讲，雷军确实有小米不上市的很多理由，但这些都建立在小米健康快速发展的基础之上。雷军一定不会想到，获得11亿美元融资，估值450亿美元是小米这几年的巅峰，否则他会考虑让小米上市。在当时，小米可是被称为最具价值的独角兽之一，潜力无穷。

互联网实验室创始人方兴东对雷军没有抓住机会让小米上市表示了惋惜。他表示，不上市的承诺成了雷军的紧箍咒。如果小米在2014年最火爆的时候上市，基本可以一举融资百亿美元级的资金，在今天智能手机竞争进入白热化的"红海"阶段，金钱是最方便地换取时间的手段。有这笔超级资金作为燃料，足以让小米的列车在今天依然继续保持更快的速度，顺利跨越3亿活跃用户的鸿沟。而马云就比较精明，他分别在2007年和2014年两次把准了自己小环境和外部大环境的最佳上市节点，让阿里巴巴获得巨大的成功。所以，在魄力和胆识方面，雷军终究还是欠缺了一点像马云那样敢于奋力一击的勇气，错失了曾经搁在眼前的可遇而不可求的大好机会。

丰厚资本创始人杨守彬也曾经表示："其实小米错过了最佳的上市和爆发的时期，如果他在2014年下半年或者2015年上半年选择上市，它将是一家非常伟大的公司，但是雷军先生始终想摸一把大的，把最关键的点错过了。"

杨守彬说得也许很有道理，"想摸一把大的"很符合雷军所拥有的大梦想、大野心。对于雷军而言，2014年没有让小米上市，错过了一个绝佳的机会，也让小米的发展之路曲折了很多，但是，相对于想干更大事业的梦想而言，他也许认为很值。

错过国际扩张的好机会，只能苦苦追赶

2014年4月9日

今天，小米副总裁雨果·巴拉（Hugo Barra）接受彭博社采访时表示，小米走向全球的计划从东南亚开始。这也是小米第一次较为正式地对外透露其国际化战略。

雨果·巴拉是小米从谷歌公司挖来的，主要负责小米的全球化运作，被雷

军亲切地称为"虎哥"。

小米进行全球化有其深刻的背景。不论是在哪一个领域,作为一个企业最大的野心无外乎也就是进军全球,将它的市场扩大到全球范围获得更高的收益。对于中国企业来说,全球化已成为一种必然趋势。雷军希望把小米模式复制到国外,实现成为国际级大公司的目标。

在国内,手机市场竞争激烈,而且逐渐趋于饱和,开拓国际市场是一个不错的选择。小米开始实行全球化的时候,公司还处于快速增长期,但雷军应该已经对小米无限风光下的暗潮汹涌有所觉察。

为了配合小米的全球化战略,雷军还购买了新的域名 mi.com。这个域名花费了 230 万美元,折合人民币 2200 万。

小米的全球化主要是从东南亚开始的,先后进入新加坡、马来西亚、菲律宾、印度、印尼、泰国、越南等市场。

新加坡是小米全球化的第一站。在新加坡,红米和小米 3 先后开始售卖。销售的场面非常火爆,几分钟内手机便被抢购一空。

印度是小米最为重要,也是销售最好的国外市场。印度媒体称小米手机为"中国的苹果手机"。小米公司通过与印度最大的电商网站 Flipkart 独家合作来销售手机。

2014 年 7 月 15 日,小米启动了小米 3 手机在印度的预售。其售价为 13999 卢比(约合人民币 1450 元)。7 月 22 日正式抢购开始,38 分 50 秒便即告售罄。

随后,小米进入了巴西、俄罗斯、墨西哥、巴基斯坦等市场,但手机销售的情况都没有印度好。

虽然小米在国际化的过程中取得了一定的成绩,但总体情况并不是很理想。相对于其他国产手机品牌,小米不应该只取得这样的成绩。

在国际调研机构 IC Insights 发布的 2016 年全球手机销量排行榜中,全年

第 10 章　错过了上市和国际扩张的好机会

销量过 2000 万的智能手机品牌共 14 个。排在前三位的是三星、苹果、华为，年度销量分别为 3.10 亿、2.15 亿、1.39 亿。

紧随其后的分别为 OPPO、vivo、中兴、LG、联想、小米、TCL、金立、魅族、乐视、华硕。前 14 名中有 11 个是国产品牌，占据了榜单的大半。然而，对于曾经国内销量第一的小米来说，这样的排位有点尴尬，OPPO、vivo、中兴、LG、联想都排在了小米的前面。小米只有苦苦追赶的份。

其实，小米也有抢在前面的机会，可惜雷军没有抓住。如果雷军的视野再开阔一点，在小米创业起步阶段就把全球化作为战略重点之一，或者在 2013 年就大刀阔斧地走出去，那么，现在小米就极有可能抢在其他国产手机品牌的前面，完成国际化的全面部署，使得公司的收入有一半来自于国外。如此一来，即使现在国内市场竞争再惨烈，雷军也可以非常从容坦然，不会心急火燎地做一些冒进的选择。

进军巴西受挫，铩羽而归

2015 年 7 月 1 日

今天，小米宣布在巴西开始售卖红米 2 手机，标价 160 美元。

雷军很重视巴西市场，在 2012 年的时候就已经宣布要进入巴西。2014 年 8 月，小米在圣保罗设立了办公室，开始推动小米在巴西的生产。

小米在巴西出售的手机采用的是 CKD 模式生产，即在当地采购零部件并组装，代工工厂是富士康巴西子工厂。这也是三星、LG、华为等品牌所采用的生产方式，因为巴西税制非常复杂，对进口电子产品征收重税，而在当地采购及组装则会有一定的优惠。

当时，人们普遍看好巴西市场，因为巴西是全球智能手机第四大市场，2014年的手机销量接近5000万部。而且，巴西市场上的智能手机95%集中在6大国际知名品牌上，分别是苹果、三星、摩托罗拉、LG、微软（诺基亚）和索尼。这对拥有高性价比的小米来说，是压力，也是机会。

另外，负责小米全球业务的雨果·巴拉的故乡就是巴西。雨果·巴拉非常了解巴西，这是小米的一大优势。

然而，事情的发展并没有想象的那么美好。进军巴西市场不满1年，小米就于2016年5月宣布改变巴西市场策略，短期之内不再发布新款手机，团队也将返回中国。这意味着小米进军巴西的策略以失败而告终。

小米从巴西铩羽而归的原因主要集中在以下几个方面：

一是贸易保护

巴西对于本国电子产品采取极其严苛的贸易保护，这让非本国手机厂商面临极高的进入门槛。对于外国手机厂商而言，只有在巴西本地完成CKD，才能避免高额的关税。

当时，巴西联邦、州和市三级政府所征收的税种加在一起超过了100种。可以说，税收几乎成为进军巴西市场的"拦路虎"。

"巴西市场跟20多年前的中国市场比较相近，不在本地做生产的话就要付很高的税。"联想集团高级副总裁陈旭东曾对媒体如此说。

二是巴西市场的复杂程度远超外界想象

雨果·巴拉曾解释称："在巴西，生产规章、在线销售的税收政策不断变化，我们决定短期之内不会在巴西发布新产品。虽然粉丝期待我们推出新产品，但是根据目前的状况，我们觉得这不是一个好主意。"

第 10 章 错过了上市和国际扩张的好机会

林斌也对小米撤出巴西的情况进行了解释:撤出巴西是因为当地经济波动太大,任何一家企业都没法承受这种波动,整个巴西连续几年负增长,经济已经崩溃了。

经济崩溃最直接的影响就是货币贬值,巴西不像中国,人民币有时贬值百分之几,巴西的货币可以贬值50%,比如我们今天定这部手机卖1000,明天这1000就只值500了,很多企业都在里面亏惨了,所以都没法做。

三是小米模式"不接地气"

巴西离中国市场太远,两国在文化、习俗、思维方式,特别是手机市场游戏规则方面有着巨大的差异。

巴西的售后成本非常高。中国手机厂家的售后理念是最不接地气的环节,售后服务意识普遍比较淡薄,然而,现实情况却截然相反,巴西消费者保护法的严格程度排在全球前列。在巴西,无论购买的手机是否有问题,只要消费者打个热线,换货的硬成本就是50美元,这还不包括手机本身的价值。如果消费者提出诉讼,厂商支出的律师费和赔偿费成本最少在2000美元左右,因为质量问题单个官司而赔给消费者上万美元的案例非常多。

在巴西做手机不是做销售,而是在做一个综合解决方案,也就是设计商业模式。而没有一个团队在真正帮小米解决商业模式的问题,小米采用的还是中国那套经验。

华为在巴西做得不错,但要知道,华为在巴西整整赔了10年钱,交足了学费,经历了长期的碰撞磨合之后,才终于站住脚,开始盈利。相对来说,小米做得还远远不够。

巴西市场的挫败,使得雷军寻找除了印度以外的高增长点的希望破灭了。这也成了小米全球化过程中一个不小的挫折。

负责全球业务拓展的副总裁辞职的背后

2017 年 1 月 23 日

今天下午，雨果·巴拉在 Facebook 个人主页上宣布，由于健康问题，他决定从小米离职，未来将回到硅谷。作为小米的全球副总裁，雨果·巴拉在小米干了 3 年多就离开了。

雨果·巴拉的离职，给本就发展不顺的小米全球化蒙上了更重的阴影。

小米 2016 年的整体业绩很不理想，虽然在雨果·巴拉的帮助下，印度市场取得了相对不错的成绩，但是在印度的成功大部分还应该归功于小米一直推崇的高性价比。在印度手机市场上，千元机所占比例高达 70%，15000 卢比（约 1500 元人民币）手机占比 23%，所以说，小米在国内的粉丝经济模式并不是其在印度取得成功的原因，也就是说其原有的模式已经无法适应其国际化的发展了。

另一方面，销售业绩的大幅下滑，也使得小米的国际化道路受到了一定的阻碍。作为全球副总裁的雨果·巴拉，选择在小米最需要其帮助的时候离开，从中可以看出小米国际化的难度和压力到底有多大。

其实，雨果·巴拉的离职就是小米全球化的一个缩影，从侧面说明小米全球化的困难很大。最近几年，雷军一直在全力推进小米的国际化，但效果并不明显。

第10章 错过了上市和国际扩张的好机会

2017年3月份，雷军在接受媒体提问时表示，全球化急不得，一着急里面就全是坑。因此，需要有10年、20年的长期打算。小米3年前由于比较着急，遇到了各种苦难，损失也比较惨重。

确实，小米国际化遇到的"全是坑"。为了进一步拓展国际市场，小米商城英文版已经开始在美、英、德、法四个国家上线运营，结果困难重重。

第一，抢购模式失灵

抢购模式已经成了小米的招牌。在中国，虽然许多用户对这一模式非常讨厌，但是，当新产品出来以后，他们还是会满怀激情地去抢。其实，对于用户来说，在抢购的过程中找到了快感。

在国际市场，小米试图用抢购来制造热点，引发用户的持续关注。然而，迎来的只是消费者的抱怨和销量的下滑，这说明小米抢购模式在国外市场失灵。国外消费者并不买这种模式的账。

第二，邮费太贵，成本太高

在国内市场，小米借助线上销售模式降低了产品的售价，构建了小米的核心竞争力。然而，当小米将这种模式复制到国际市场之后，发现很难行得通。因为商品的邮费太高了。比如一部10400mAh移动电源13.99美元本来挺便宜的，可加上比产品还贵的邮费19.99美元，再加上税，最终用户需要支付40多美元。这就严重打击了消费者的购买热情。

国外的邮费比国内要贵很多。在国内，小米商城通常使用顺丰快递，满150元免邮费。购买一部移动电源需要10元的邮费，考虑到小米移动电源的低价优势，这样算下来还是很划算的。在国外市场，邮费比产品还贵，这显然是小米没有料到的。邮费比产品贵，这使得小米模式的竞争力大大下降了。

第三，产品布局的尴尬

在小米商城英文版上，商品数量很少，只有 2 款移动电源、手环和小米头戴耳机。价格最高的小米头戴耳机售价 79.99 美元，折合人民币 496 元。作为小米的主打产品，手机、平板、电视缺席了。为什么呢？因为专利。这个我们在下一节会有详细讲述。

而且，小米商城英文版上的移动电源、手环和耳机，在国外并没有太强的需求，销量根本上不去。同时，国外需求旺盛的产品又因为专利无法上架，这就让小米非常尴尬了。

小米全球化需要解决的问题不在少数，因此，雷军才会说"全球化急不得"。

对小米而言，国际化的路还很长。

专利的尴尬：只能打"擦边球"，无法正式参赛

2014 年 12 月 5 日

今天，对雷军来说是一个非常糟糕的日子，因为国际通信巨头爱立信在印度起诉小米侵权。

爱立信声称小米所售卖的手机产品侵犯自己所拥有的 ARM、EDGE、3G 等相关技术的 8 项专利，将小米诉至印度德里高等法院。

善于"专利维权"的爱立信向印度德里高等法院提出"临时禁令"，并获得同意。禁令的内容包括："禁止小米在印度市场销售、推广、制造及进口涉嫌侵犯爱立信专利的相关产品，并要求小米和其印度当地的电子商务合作伙伴

第10章 错过了上市和国际扩张的好机会

Flipkart,暂时停止销售爱立信起诉的涉案专利产品。"

德里高等法院还要求小米和Flipkart提交在印度境内涉案产品的销售数量以及销售总金额,并专门派遣官员去小米印度办公室执行相关决议。同时,法院还向印度消费税和海关中央委员会发出通知,禁止小米侵权产品入境。

爱立信表示,在过去3年多的时间里,一直尝试与小米公司就其符合GSM等的专利许可授权事宜进行沟通,但始终未获得小米的响应,所以才提起了诉讼。

如此一来,小米旗下全线手机产品都不得"进入"印度市场,这对于积极谋求"全球化"的小米来说,无疑是"当头一棒"。

小米公司实在没有办法,只得主动"放血",答应了"每台设备预缴100印度卢比于法院提存"的条件,才临时获得使用高通芯片的手机在印度继续销售的权利,而搭载联发科芯片的手机则仍然被"禁售"。

可以说,专利是小米之痛。在销售方面,小米是"巨人",而在专利方面,小米则是"婴儿"。

为什么小米全球化的过程中,只进入亚非拉这些不发达的市场,而不进入欧美市场呢?就是因为专利问题。欧美市场对专利的保护非常严格,只要小米进去,就会面临被起诉的巨大风险。

2015年11月19日,由于数据保护专利权方面的问题,小米被一家名为Blue Spike的NPE起诉到了美国东德州联邦地区法院马歇尔分院。其实,早在2013年10月14日,Blue Spike就已经对小米提起了诉讼,理由是小米的米1、米2、米3等产品侵犯了该公司美国专利。其后,小米开始应诉。该案件持续的时间比较长,至今还没有结论。

所谓的NPE,就是Non-Practicing Entity的缩写,中文名称为"非专利实施实体"或"非生产专利实体"。简单来说,NPE是指代那些拥有专利但不从事专利产品生产的机构。

科研机构是最常见的 NPE，但是，也有一些 NPE 则以专利授权许可为其主要盈利模式，比如起诉小米的 Blue Spike。其实，从某种程度上来说，高通虽然生产芯片，但也算一种 NPE 类型。因为高通持有大量与芯片无关的通信专利，其营收除了芯片，有 60% 来自于专利许可收费。

Blue Spike 并不算一家大型的 NPE 机构，拥有的专利也不多，只有 98 项，涉及的领域包括数据安全、深度检测、软件签名等。但是，Blue Spike 却是一个"好战分子"，常常在专利市场上掀起风浪，曾对多家著名公司提起专利诉讼，这些公司包括谷歌、雅虎、Adobe、华为等。

这次，Blue Spike 起诉小米的时间点选得很微妙。

当时，小米正在加紧筹备进入美国市场。2015 年 10 月 27 日，红米 2 Pro 通过了美国联邦通信委员会认证（FCC 认证），11 月 21 日，小米 4 也取得了 FCC 认证。

所谓 FCC 认证，其实就是"电信设备进网许可"。在国内，只有取得"电信设备进网许可"后，才能上市销售。而在美国，智能手机要想进入其市场销售，则需要取得 FCC 认证。

显然，小米旗下红米 2、小米 4 等智能手机产品先后申请并取得 FCC 认证，表明小米手机正在为正式进入美国市场做"热身"。然而，就在这个节骨眼上，却要面对 Blue Spike 的专利起诉。

专利的缺失，使得小米只能打"擦边球"，而无法进入欧美等主流市场参与竞争。面对"一块块肥肉"，却不能去吃，这对小米来说是很痛苦的事情。

雷军曾深有体会地表示："专利是整个手机行业的游戏规则。"对于一家致力于全球业务的公司来说，完善的专利战略、专业的运营团队和专利储备是前提，也是普遍的行业规则。小米必须适应并遵守这个规则。

PART 3

绿色笔记——沦为平庸,还是重新崛起

很多人看衰小米之时，我这个"米黑"开始唱多小米。放眼望去，手机界除了苹果、三星，为下一个赛道"物联网"做出完整布局的，就剩小米。别人依旧在拼命卖手机，你死我活却谁也赚不到残屑般的利润时，雷军默默地在下一盘更大的棋。所以，我也没办法，不得不看好他。

——阿芙精油创始人　雕爷

第 11 章

找回初心，积极补课

在创业的道路上，由于各种原因，人往往会不知不觉间丢掉初心。雷军也一样。然而，当繁华散尽，困顿降临时，雷军才发现，销量、估值、第一等东西是多么不堪一击。而其初心——让老百姓用上优质的产品，让每个人享受科技的乐趣——才是最核心、最强大的竞争力。所以，他要积极补课，找回初心。

雷军关键词：迷茫

2017年2月9日

今天，在"亚布力中国企业家论坛第十七届年会"上，雷军开诚布公地谈了小米的"新常态"。他提到了别人不太懂得他的梦想：（1）解决中国零售里的效率问题；（2）控制毛利率，与用户做朋友。同时，他说出了自己过去一年的感受：迷茫。

雷军表示：

2016年，我有点迷茫。这一年，我经历的最痛苦的事是认知到电商是销售模型之一，但是如何创造新的销售模型？我对零售从线上开始结合线下感到迷茫，因为只有线上才能实现我的性价比的追求。这是我之前两年迷茫的问题，但是小米之家就是我的答案。

小米跌入了低谷，雷军感到了迷茫。任何企业的发展都不会是一帆风顺的，

第 11 章　找回初心，积极补课

而是波浪式前进，有高峰期，也有低谷和迷茫期。

强大如马云，也曾经迷茫、痛苦。

马云经过三次高考才进入杭州师范学院英语系。在前两次高考失败之后，他做过秘书、搬运工，给杂志社蹬过三轮。这期间，马云能不迷茫？

马云尝试着第一次创业，创建了海博翻译社。刚开始，翻译社的收入连房租都不够交。马云独自背起麻袋去义乌，摆小摊养活翻译社。这期间，马云能不迷茫？

马云创建"中国黄页"，去北京进行推广。有一部央视纪录片《书生马云》，里面记录了马云推广的片段。在这部纪录片里，瘦小的马云梳着八分头，背着一个黑色单肩包，敲门找人，逢人便讲："我是来推销中国黄页的。"结果，常常被人不耐烦地"请"出门外。有个编导干脆跟记者说："这人不像好人！"推广失败，当马云坐在公交车里，呆呆地望着窗外的万家灯火时，能不迷茫？

还有京东的刘强东，也曾迷茫不已。

对于前 3 年的创业，刘强东感触很深，他说："我创业前 3 年最大的痛苦，不是站在马路边上发宣传单遭白眼，不是挨冷受累，而是感觉世界上没有一个人理解我……哪怕第一年就赚了三十多万，我在他们眼里依然是下三滥。"不被理解，自身的价值无法体现，刘强东能不迷茫？

所以，雷军的迷茫很正常。这是一个修炼的过程。

对于雷军来说，迷茫的主要原因是小米模式发展过程中遇到了天花板。

小米的增长速度让人吃惊，但跌落的速度同样让人吃惊。要知道，手机行业是个充分竞争的行业，格局一直在变。小米可以说是互联网创业中"速度"的代名词。它几乎是全球最快达到 10 亿美元和 100 亿美元销售规模的公司。成立后的每一年，小米的估值都翻倍上涨，从 2011 年的 10 亿美元到 2012 年底的 40 亿美元，再到 2013 年的 100 亿美元和 2014 年年底的 450 亿美元，雷军带领小米狂飙突进。

然而，世界变化太快了，一个风光无限的公司，也许很快就销声匿迹了；一个不引人注目的公司，也可能会突然成为行业学习的标杆。三星的电池爆炸危机和OPPO、vivo的异军突起，就充分说明了手机行业格局易变的特点。小米也没有摆脱手机行业的这个特点。

攀上巅峰的小米很快遇到了瓶颈，而且还不小。以渠道为例，电商在国内手机市场上只占有20%~30%的份额，小米能占到其中一半，但是，剩下的70%~80%线下消费者小米却碰触不到。

而另一方面，以OPPO、vivo为代表的传统手机厂商已经崛起，它们的优势之一是庞大且可控的线下渠道，就连余承东也公开表示"华为内部提出要学习OV（OPPO和vivo）"。

不只是渠道，还有供应链、品牌等问题，都一股脑儿砸到了小米头上。最紧俏的芯片和屏幕拿不到，产品只能延期上市，如何解决？人们说小米像是个"杂货铺"，怎么证明不是？

雷军面临的问题不少，这都需要他去调整和解决。一位与雷军熟识的互联网大佬曾经评价："雷军不会轻易告诉别人自己遇到困难，他通常是在解决后，告诉你他是如何解决的。"也许，在小米重新崛起之后，雷军会告诉人们他是如何解决这些问题的。

第 11 章 找回初心，积极补课

回归初心、感动人心，把用户当朋友

2017 年 5 月 9 日

昨天晚上，在做客淘宝头条回答网友提问时，雷军谈到了小米的"初心"。他说："做小米的初衷是改变中国产品在老百姓心目中的形象，让老百姓用上优质的产品；而小米的愿景则是'让每个人都能享受科技的乐趣'。"

其实，这已经不是雷军第一次谈到"初心"。在 2015 年 12 月份的时候，雷军参加第二届世界互联网大会，接受了白岩松的采访。其中雷军就谈到最初为什么创办小米。

雷军表示：许多人都觉得中国是"大国不强"，这是因为我们生活中的很多东西都不精致，都很劣质，中国人自己都不愿意用国货，一看到国货就觉得国货不高档，这也不能怪国人崇洋媚外，是自己没有做好。他 5 年前创办小米的时候就是冲着新国货来的，就是要做感动人心的产品，这些产品不仅要好，还要便宜。

另外，雷军还说，他最反感的一句话就是把用户当作上帝，小米在创办的时候是把消费者当作朋友。

在采访的过程中，白岩松提了一个非常尖锐的问题。他问雷军："之前小米总是说今年的销量要达到 8000 万到 1 个亿，但是最近不提了，是目标太高，还是竞争太激烈了？"

对于这个问题,雷军非常坦率。他说:最近小米内部也在反思,提各种各样的销售指标和市场份额,在有非常多的短期目标的情况下,其实不利于坚守感动人心。最近几个月,小米内部讨论的都是"回归初心,感动人心,把用户当朋友"。

当然,大家都在问小米今年卖多少,明年卖多少,这是一个传统,但是小米的宗旨还是把东西做好。其实,现在多卖一部少卖一部手机并不重要,但如果卖了质量不好的产品则是减分的。

雷军希望"5年后的小米能够和5年前的小米一样,整个过程我们很享受,做出来的产品也能够让用户享受"。

白岩松还向雷军提一个问题:"在小米高速发展的现在是不是有点害怕失败?"

这个问题也很尖锐,但雷军没有回避。他说:在过去一年多的时间里就是有点患得患失,特别是当小米成为中国手机销量第一的品牌之后,很有压力。以前经常提自己是销量第一,尽管最近"双十二"小米销量还是第一,但是现在"不允许内部再去讲这个事情了,我们不关心这个,第一不第一不重要,用户喜欢我们才最重要,我们把东西做好最重要",不要被外部的评价和所谓的数字所击败。

在2016年初的年会上,雷军进行了同样的反思。他表示:"说实话,(2015年)我不OK。过去一年我们实在过得太不容易了。"他能听见外界对小米的批评,"面对这样的压力,我们内部也有很多情绪和想法。我们到底出了什么问题?我思考了很长时间。"

雷军将这一切归结于有了"心魔",具体来讲,就是年初提到的"8000万台出货量",它被"当成了任务,所有工作都围绕这个任务展开"。

在雷军看来,抛弃"初心",为了任务而疯狂追求销量使得小米走入了歧途。

经过反思的雷军终于明白,小米必须"回归初心,感动人心,把用户当朋友"。

第 11 章　找回初心，积极补课

只有紧紧地抓住用户，与用户交心，给用户提供体验最好的产品，才是小米追求的目标，而不是销量。

在创办前 3 年，小米给外界展现出了一个非常独特的形象——它并非"又一家手机公司"，而是一家对技术渴求至极、对用户体验俯身倾听、对于未来大胆尝试的公司。在人们的眼中，小米代表着极客精神，代表着"酷"。

然而，在小米试图通过机海战术取悦市场时，其身上的那份"酷"不见了。"初心"丢了，等于没有了灵魂，又怎么能有其外在的表现——"酷"呢？

当雷军开始找回"初心"时，让人们熟悉的小米也在逐渐回归。小米 MIX 发布就是证明。

小米 MIX 的最大卖点是"全面屏"。小米 MIX 是带领安卓从简单粗暴的屏占比走入全面屏时代的最大功臣和先驱者。

对于"全面屏"背后的故事，雷军进行了披露：全面屏的核心是突破 16∶9 局限，展示极致屏占比！谷歌为了统一用户体验，要求安卓手机必须 16∶9。我们为了全面屏，花了半年多时间反复沟通，谷歌最后才同意，小米 MIX 概念机才终于面世了！

小米 MIX 不仅是一次关于未来的尝试，也对小米品牌有了极大提振。当小米 MIX 发布时刻来临时，现场爆发出夹杂着压抑、兴奋和自豪的叫好声。米粉终于又为小米的"酷"而尖叫了。

而且，小米 MIX 还获得了世界性的大奖。雷军在微博上自豪地说："小米 MIX 刚刚获美国 IDSA 金奖！IDSA 是美国工业设计师协会。今年，我米囊括了美国 IDSA/ 德国红点 / 德国 IF 国际三大设计金奖，实现工业设计大满贯！"

2017 年 9 月 11 日，小米发布了 MIX2。雷军曾在微博爆料，小米前国际副总裁雨果·巴拉的 MIX2 被谷歌安卓业务线老大 Hiroshi 拿走，后者不仅兴奋地放在了办公桌上，而且拍照发推，盛赞很喜欢，并给出 100 分。

能够获得 Hiroshi 的青睐，说明小米 MIX2 确实做得很棒。

小米最需要的是补课

2017年1月12日

今天，小米2017年年会召开。在会上，雷军表示，2016年是小米的"补课元年"。

为什么要这样说呢？因为小米跑得太快了，落下了许多课，现在需要补上，否则只会跌得更厉害，永远没有重新崛起的机会。

在手机行业，每一位大佬都有自己独特的标签，余承东的狼性、周鸿祎的爱憎分明，雷军最强的则是复盘能力。

雷军很擅长思考，网上曾流传一则关于他对金山业务的复盘："金山在20世纪90年代还很火，1999年互联网大潮起来的时候，我们却忙着做WPS，忙着对抗微软，无暇顾及。到2003年时，我们再环顾四周，发现远远落后了。那一瞬间，我压力非常大，作为CEO，我后面两三年每天都在想，什么地方出问题了，是团队不够好，还是技术不行，还是自己不够努力？"

这种强大的复盘能力让雷军能很快发现问题，并及时总结经验教训，进行补救。

经过复盘，雷军总结出小米存在三个问题：线上市场遭遇恶性竞争；错过了城乡市场的线下换机潮；高速成长带来的管理挑战。

针对这三个问题，雷军提出小米必须从这三个方面进行补课，从而解决所

第 11 章 找回初心，积极补课

遇到的问题。

对此，雷军说：

其实，在去年年初小米的全员动员会就提了两个字：补课。我觉得要认识到之前我们的第一还很虚，我们还没有真正与之相衬的实力，我们要放下架子从零开始创业，缺啥补啥，对标行业领先者，保持谦卑的心态。我们就只提了补课，销量都不在我们的计划当中，坚持补好课，基础能力上来，还能不赢吗？关键是练好基本功。

那么，雷军给小米具体补了哪些课呢？

第一，组织课

雷军调整了公司的组织结构，在手机部、供应链、小米网销售团队分别组建了专门的参谋规划协调部门。这个协调团队超过了 100 人，主要职责就是帮助雷军协调整个庞大的产供销体系，联合作战。

同时，小米公司确定了三个主攻方向：创新、质量和交付。雷军认为，对手机业务来说，质量是生命线，小米靠质量在中国成为第一，也是靠质量消灭了所有山寨机。但是，现在小米的对手不是山寨机，而是中国企业里面非常厉害的公司，要想在质量上超过这些对手，需要付出更大的努力。

于是，雷军亲自牵头质量委员会，经过十多次专项会议的讨论，制定了翔实的质量行动纲要，并组建质量办公室专门督办。雷军的目标是用品质的铁拳赢得市场。

第二，创新课

雷军认为，创新是小米成败的关键因素之一。没有创新，小米就没有未来。小米注重核心技术的创新。比如 2016 年在全球发布的全面屏手机小米

MIX，惊艳了全球。这款全陶瓷机身的手机屏占比达到了91.3%，小米把这种新手机设计形态命名为"全面屏"。随后，三星Galaxy S8、iPhone 8都跟进了这种设计，整个行业都接受了"全面屏手机"这种定义。小米站到世界的巅峰，引领了整个技术的潮流。

还有手机芯片，小米招揽人才组建了业内顶尖团队，投入巨大，下了苦功夫，自主研发出了松果"澎湃S1"。关于小米的手机芯片，我们会在后面详细讲述。

在专利方面，小米进步也很快。截至2016年年底，小米已获得授权专利4806件，其中一半是国际专利。2016年申请了7071件专利，获得了2895项专利。在支撑产品技术创新不断涌现的同时，这些专利储备也为小米未来进军欧美市场打下了良好的基础。

商业模式的创新也是小米的重点。雷军认为，理解商业模式创新的本质题眼是"小米是一家什么样的公司"。搞明白了这个问题，也就真正理解了小米的商业模式。在雷军眼里，小米是一个"新物种"。小米是手机公司，也是移动互联网公司，更是新零售公司。小米已经从一家电商平台公司进化到了新零售平台。

小米的创新得到了世界的认可，2017年年初Boston Consulting Group（波士顿咨询公司）发布的世界创新50强报告中，有两家中国公司入选，小米排在第35位。FAST COMPANY（《快杂志》）全球最具创新力的公司排名榜上，有6家中国公司入选，小米排在第13位。

第三，线下课

线下销售是小米必须要补的短板。OPPO、vivo，还有华为等手机品牌能够获得巨大的成功，就是因为在线下深耕细作。只在线上销售的小米手机，必须要在线下有所作为。因为手机的市场绝大部分在线下，即使小米把线上市场全部占了，也只是手机整体市场的一小部分。况且，小米根本无法全部占据线上，因为有一大批强劲的对手在和它厮杀。

  雷军拓展线下市场的利器是小米之家。小米之家在后面有详细讲述,这里就不再赘述了。

  通过这三个方面的补课,小米又重新获得了前进的动力,有了初步的起色。2017年第二季度,小米手机出货量一改颓势,强力上升,达到了2316万部。

第 12 章

加大核心技术研发，探索黑科技

　　作为小米的短板，研发是雷军心中的痛。当伟大的目标将要实现时，却发现总有一点在掣肘，让人功亏一篑。这是任何人都无法忍受的事情。所以，雷军下定决心搞研发。从大量购买专利，到研发出芯片松果"澎湃 S1"，再到成立小米探索实验室，小米在研发的道路上快速前行。

自主研发芯片松果"澎湃 S1"

2017 年 2 月 28 日

今天,小米正式发布了定位中高端的自主研发芯片松果"澎湃 S1"。这被业内认为是中国芯片极具里程碑意义的事件。由此,小米也成为继苹果、三星、华为之后全球范围内有同时生产芯片和手机能力的第四家终端厂商。

前面我们已经说过,专利是小米之痛。在手机专利方面,芯片是核心。一部手机,芯片是心脏,涉及的专利具有很高的壁垒。有一个说法:芯片行业,10 亿起步,10 年结果。研发芯片是一项浩大的工程。所以,很少有公司来研发芯片,小米也一样。

小米的芯片之路走得很曲折。刚开始,小米主要与高通合作,使用高通的芯片。在很长一段时间,小米一直是高通最新芯片的首发平台,小米与高通的关系可以用如胶似漆来形容,小米 1 和小米 2 都是采用高通的处理器。

然而,这种关系在小米 3 的时候出现变化。当时,另一家芯片制造厂商出现在小米视野里,那就是英伟达。英伟达芯片图睿(Tegra)在图片处理技

第12章　加大核心技术研发，探索黑科技

上拥有更为领先的技术，同时，与其合作也能与高通互联制衡，避免"将鸡蛋放到一个篮子里"的风险。于是，小米3和小米平板采用了英伟达的芯片，小米手机联通版和电信版上还是采用高通芯片。可以说，英伟达的存在，给了小米更多的战略回旋空间，使其可以在和高通的谈判中更有底气。

其实，小米与英伟达合作，减少高通芯片的使用有不得已的原因。小米走的是高性价比路线，而高通走的是高帅富路线，其主要客户是苹果公司，定位的不同使得小米和高通渐行渐远。

可是，小米的运气实在是不好。2014年，英伟达决定退出手机市场，这无疑对小米是沉痛一击。

小米好不容易花大力气驯服了图睿平台，并在上面开花结果，生出了小米3和小米平板，然后人家说不玩了。这就像是结婚时新娘跑了一样，对小米来说，显然是一件非常糟心的事情。

雷军苦心营造的制衡关系随着英伟达的退出而被打破。在当时的市场上，除了英伟达的图睿，在性能上可以和高通相抗衡的主流厂商几乎不存在。

不得已，小米只得重新回到了高通的怀抱，为芯片支付更多的成本。这无疑极大地削弱了小米的性价比优势，成为小米扩张的巨大障碍。

雷军决定自主研发芯片。虽然这是一条荆棘密布之路，但小米必须走过去，否则永远"长不大"。

对雷军来说，做芯片最难的一刻，是决策干芯片这件事。

要知道，华为研发海思芯片，前后历经十余年，砸进去数百亿研发经费，才最终获得成功。

和制造手机不同，芯片需要实打实的研发和投入，这对于以互联网思维起家的小米而言，是最大的挑战。雷军承受的压力可想而知。

雷军专门研究了华为的海思芯片案例，发现小米如果开始研发芯片，具有后发优势。首先是基础技术的成熟度比华为开始研发的时候要高很多，其次是

华为曾经掉下去的坑，小米可以吸取经验，减少掉下去的概率。

2014年10月，小米松果电子成立，专门进行芯片研发。

这支团队由小米手机部的创始成员朱凌牵头定方向，同时挖来了不少半导体行业的芯片研发人员，结合来自小米的底层系统软件工程师联合组成。

松果公司成立的当天很平静，没有举行任何开业庆典。雷军有自己的打算，对于一个至关重要，而又充满风险、前途未卜的项目，他选择了低调。对此，他打了一个比方：这就像一支"特种部队"要冲向手机芯片的迷雾，大部分人心里七上八下，不知道冲出去是死是活。

在经过了约9个月的艰苦研发之后，2015年7月6日，小米终于完成了芯片硬件设计，并做第一次"流片"。

又经过两个月的测试，终于在9月26日松果芯片第一次点亮屏幕。小米成功研发出了第一款芯片。

因为在点亮屏幕的那天晚上，雷军"心潮澎湃"，所以芯片取名"澎湃"。这是一款定位高端的芯片。

澎湃S1采用八核64位处理器，拥有28nm工艺制程，包含四个2.2GHz主频A53内核以及四个1.4GHz主频A53内核，GPU为四核Mali-T860。由于同时加入了图像压缩技术，可以减少内存带宽占用。采用了32位高性能语音DSP，支持VoLTE通话以及双麦克风降噪。通过14位双核ISP处理器增加图像处理能力，支持双重降噪优化来增加夜景画质。

雷军估计小米研发芯片至少要3年才能出成果，结果没想到运气好，28个月的时间就做出来了。

松果"澎湃S1"的研发成功，使得小米无论是产品竞争力还是研发能力都上了一个新台阶。小米终于摆脱芯片的制约，大踏步地前进了。

第 12 章 加大核心技术研发，探索黑科技

大量购买专利，为"走出去"护航

2016 年 6 月 1 日

今天，微软和小米共同宣布达成一项协议：微软向小米出售 1500 余项专利。但是，双方并没有公布交易价格。此外，双方还达成了专利交叉授权协议。

这次专利交易涉及面较广，包括无线通信、云计算、视频交付和部署、移动应用程序、基本的多媒体技术等多个领域。

微软作为世界老牌科技公司，在云计算、大数据方面拥有多年研发积累，在无线通信领域通过各种方式也积累了大量专利，在智能手机多媒体方面也拥有不少专利，这些专利技术都是小米需要的。对于微软而言，专利能变现是好事情，于是，双方一拍即合，达成交易。

这次交易还包括小米产品预装微软旗下软件产品的条款。当然，这并非此次交易的主角，而仅仅是一个筹码。

根据交易协议，从 2016 年 9 月起，包括小米 5、小米 Max、小米 4s、红米 Note3 和红米 3 在内的小米设备，将预装微软 Office 和 Skype 应用。

为了突破专利困局，雷军加大了这方面的投入。其途径主要有两条：购买和自主研发。而与微软交易就是雷军购买专利的大手笔。

其实，早在 2012 年的时候，小米就曾经与中关村联合成立北京智谷，希望借助高智发明（全球最知名专利投资公司）的模式发展专利业务，为此，北

京智谷还曾经专门走访了国内几大手机品牌厂商,希望大家一起入股,共同建立专利池防御,可惜未能如愿。

在遭遇爱立信侵权起诉不久之后,雷军就开始通过购买专利来弥补小米的短板。

2015年,小米从大唐电信公司购买了移动芯片、基带方面的专利。小米没有公布具体的购买金额。根据业界传出的消息,交易额上亿元人民币。

2015年10月底,小米收购了博通公司31件通信专利。虽然博通是一家位于底层的芯片公司,在消费者印象中的知名度并不高,但它确是名副其实的产业巨擘。在移动消费电子领域,苹果、三星等大多数品牌都采用了它的连接芯片。它曾想用1300亿美元收购高通,结果被美国政府给阻止了。

2016年2月,小米从Intel公司购买了332件美国专利,涉及存储管理、控制逻辑、序列编码等,覆盖通信、电子器件和软件技术领域。这些专利中有315件属于Intel自身提交专利申请并获得授权的专利,还有一些是Intel从LSI和Skyworks Solution处买来再转卖给小米的。

2017年7月,小米与诺基亚公司签署了一份商务合作协议及一份多年有效的专利许可协议,其中包括在某些必要专利方面实现交叉授权。签署这份协议后,诺基亚就可以使用小米在手机设计、制造方面的专利,而小米则可以使用诺基亚在通信、物联网、VR等领域的专利。此外,此项交易还包括小米收购部分诺基亚专利资产。

虽然现在的诺基亚没落了,但瘦死的骆驼比马大,作为曾经的手机领域老大,它本身依然是世界顶尖的通信解决方案公司,手中掌握着大量基础通信等方面的核心专利。而且最近几年,诺基亚在AI、IOT、VR/AR等方面也取得了显著的成果,影响力不小。小米与之达成合作,能够强化自身在专利层面的布局,将浅薄的根基迅速加强,为全球化铺路。

由于小米公司2010年才成立,而和其相关的许多领域的标准早在2008年

第 12 章　加大核心技术研发，探索黑科技

左右就已经确立。所以，小米的专利极其欠缺。通常而言，专利从申请到授权一般都需要经历 3～5 年甚至更长的时间。所以，短期内要想赶上竞争对手，小米就只能通过向第三方购买，或者相互合作，交叉授权。

在国内遇阻之后，小米走向国际，实现全球化的心理更为迫切。然而，专利问题成了最大阻碍。对于雷军而言，大量购买专利，为全球化保驾护航，未尝不是一个非常明智的选择。

持续加大技术研发的投入

2017 年 5 月 18 日

今天，2017 "大智移云"产业发展论坛在河北廊坊拉开帷幕。在这次论坛上，雷军表示："去年全年我们在范围里申请的专利多达 71 项，去年我们已获得的发明专利有 2890 项，其中一半来自国际市场，所以背后的积累可能超出了大家的想象。"

由于吃了重营销和服务、轻研发的亏，雷军加大了研发方面的投入。比如，前面讲述的芯片"澎湃 S1"，投入超过了 10 亿元。正因为如此，小米才逐渐有了技术专利方面的积累。

在以前，许多人认为小米没有技术。这是个很"经典"的认知误区。其实，是小米营销和服务的光芒掩盖了小米的技术。由于受到高通的庇护，雷军没有把主要精力投入到手机核心技术的研发上。而在其他非核心领域，小米的技术还是非常厉害的。包括了产品外观的技术、硬件设计合理化最优化的技术、操

作系统技术、互联网服务开发、高并发大容量云服务技术、大规模生产管理技术、综合成本控制技术等等，小米都做得非常不错。

要知道，像小米那样，把业界可用的尖端元器件技术合理化集成，同时做到优秀的成本控制，就是"最顶尖的技术之一"。比如，红米 Note 3 的大电池，其形状、内部构造、机体机构等方面的创新就非常好。

还有小米推出的电饭煲，其所蕴含的技术含量就很高。关于这一点，雷军曾经讲述过。

对于电饭煲，小米曾经作了仔细的研究，发现中国在电饭煲的技术上非常落后，这个技术主要分三个因素：第一个是电磁加热；第二要把米饭做好，电饭煲要保持微压，1.2 倍大气压；第三是灰铸铁技术。

为了研发出高端电饭煲，小米组建了一个团队，干了两年多时间，才获得了成功。

在研发过程中，首先遇到了灰铸铁问题。灰铸铁的优点是能达到 360 摄氏度加热比例，最重要的是受热均匀蓄热快，但难点是中国还生产不了，必须从日本购买，而且买这个原材料工序还非常复杂。最难的是做不粘锅，怎么能够做到不沾，小米团队做了 18 个月，最后才达到了轻松不粘的效果。

其次是压力 IH 电磁加热。这个技术是日本人发现的，所以日本的米饭做得好，不仅仅是米好水好，更重要的是锅好。日本的电饭锅能针对不同的海拔、温度和气压提供不同的模式。小米通过研发，做出的电饭锅能够适应 3000 种的模式，能够制定精准的方案，这一点已经超过了日本的电饭锅。

虽然现在小米更加聚焦主业，加大了技术研发的力度，不断申请专利，以弥补其短板，但相对来说还是较弱。

在 2015 年以前，小米申请的专利很少。以美国为例。2013~2015 年，小米每年在美国提交专利申请为 41 件、114 件、74 件。美国专利商标局的审查周期通常是 2-3 年，据此推算，小米于 2013 年提交的专利申请，要想获得批

第 12 章 加大核心技术研发，探索黑科技

准差不多要等到 2016 年前后。据检索结果显示，截至 2016 年 2 月 26 日，小米在美国仅有 9 件专利申请获得授权。想要进入美国市场，小米如此薄弱的专利储备根本不行，也只有通过购买来补充了。

小米总裁林斌曾经公布过小米的专利情况，截至 2015 年 10 月 30 日，小米申请的总数超过 6000 件，仅 2015 年，小米发明专利申请就达到 3738 项，相比成立初期申请的 35 项专利，增幅超过 100 倍。

但是，有一点值得注意，小米公布的专利申请数和专利持有数并不是同一个概念，最终专利是否能够通过直接关乎小米的专利持有总量。与此同时，小米也并未详细公布已申请的专利类型，如发明专利、外观设计专利等。而且，小米的专利申请绝大多数是在中国大陆，这对小米的全球化很不利。

即使在国内，小米的专利申请数量与其他友商相比也很靠后。根据 2016 年国内的企业发明专利申请的统计数据，华为公司毫无意外地以 4906 件排名第一，小米只排到了第八位。

详细排名如下：

华为，4906 件

中石化，4405 件

乐视，4197 件

中兴，3941 件

OPPO，3778 件

京东方，3569 件

格力，3299 件

小米，3280 件

努比亚，2912 件

国家电网，2784 件

根据上面的数据能看出，华为就不说了，连中兴、OPPO 的专利申请数量

都比小米多。

对雷军来说,虽然已经加大了研发的投入,但还不够。要解决小米的专利之痛,雷军还需要继续努力。

在人工智能上下功夫

2017年3月6日

今天下午,雷军以人大代表的身份举行了一个媒体沟通会,就他的"两会"议案以及大家对小米关心的问题进行答记者问。

在这次"两会"上,雷军提出的第一个议案就跟人工智能相关。他建议把人工智能列入国家战略,并给出了自己的理由:

如果把人工智能列为国家战略,将极大推动整个产业进步和整个社会的进步。而且这次人工智能跟前几次技术革命有点不一样,我觉得对我们中国是一个时代机遇。主要基于三点:

第一,今天的人工智能它的背后是云服务和大数据。我们谈大数据这么长时间,也谈了大数据很多的商业模型,但是大数据产业的进展,我觉得低于大家预期。当叠加人工智能以后,大数据体现了前所未有的魅力。所以我们过去这些年里面,中国在移动互联网的领先优势,通过云服务和大数据很快会转换成人工智能的优势。所以我觉得中国做了一点基础。

第二,我们更大的优势在哪里?有专家统计过去这几年里面有43%的人工

第 12 章　加大核心技术研发，探索黑科技

智能方面的论文是中国人撰写的。我们再来看各大全球互联网巨头，人工智能的负责人都是华人。所以我们在这里面有很重要的先决优势。

第三，背后的核心原因是中国比较重视数学这样的基础教育。人工智能的背后最核心的是算法，因为我们拥有大量基础的科学的人才，这使我们在人工智能的竞争里面有机会处在世界前列。

基于这三点，我建议把人工智能列入国家战略，抓住这一次属于中国人的时代机遇。我觉得在全球范围除了美国，中国在人工智能现有的基础是最好的，所以我就提出了要把人工智能列入国家战略。

雷军很看好人工智能的未来。早在 2016 年 3 月份的中国发展高层论坛上，他就表示："在未来的 5～10 年，人工智能会带给大家非常多的惊喜，甚至在 1 年间，就会有各种各样的人工智能产生，而且，资本和人才也会流入人工智能领域。"

雷军把人工智能列为小米未来十年的重大战略。为了抓住人工智能的机会，他还在小米组建了"特种部队"——小米探索实验室。该实验室由小米路由器总经理唐沐和小米联合创始人黄江吉带队，主要研究 VR/机器人等最前沿的技术和方向。

人工智能的三大基础分别是硬件、数据和算法，这需要分阶段完成，而在这三个领域，小米都有很好的布局。

硬件方面

早在 2013 年，雷军就已经预见到未来智能家庭、物联网、人工智能的大趋势，采取多元化战略，布局了小米生态链，生产智能硬件。小米用了 3 年时间投资了 77 家企业，生产了 280 件硬件产品。比如小米电视、手环、路由器、电饭煲、净化器、摄像机、平衡车、血压仪等等。2016 年小米智能硬件营收

达到了 150 亿元。

特别是小米探索实验室成立以后，为小米智能硬件的开发提供了更大的助力。

小米 VR 眼镜是小米探索实验室成立后的第一款产品。这款产品是一个玩具版，定位低端，应该属于小米探索实验性的产品。

这款 VR 眼镜采用了拉链式设计，使用了莱卡棉材质。这种双向拉锁不仅能兼顾不同手机的耳机位置，也能让手机固定得更加牢固。官方表示它可适配 4.7～5.7 英寸的手机。值得一提的是，小米 VR 眼镜正中间有一枚圆钮按键，可与 VR 眼镜正上方的黑色按钮联动工作，当使用者点击眼镜上方的按钮时，内部的联动按钮会触控在相应的区域，从而完成 VR 视频中的点击动作。这个设计非常巧妙。

由于定位低端，小米 VR 眼镜被很多网友笑称这根本不算什么 VR，其本质就是一款做工更好的"纸盒 VR"而已。

还有小米电视 4A。这是小米发布的全球首款人工智能语音电视，只需一个语音按键便可实现关键词搜索、热度排行、开启应用游戏、查询天气日历、多轮对话、控制电视、片名点片、明星找片、影视百科、智能纠错等 10 大类语音交互功能，老人和孩子用起来尤其方便，真正做到了智能电视使用"零门槛"。

2017 年 7 月 26 日，小米发布了首款人工智能音箱——小爱同学，售价 299 元。小米 AI 音箱采用 360 度远场语音控制，不仅能提供海量的在线音乐、小说相声、儿童故事、电台广播，还是你的人工智能生活助理和智能设备控制中心。

小米 AI 音箱当前已可控制电视、盒子、扫地机器人、电饭煲、空气净化器、电风扇、智能灯等小米及生态链设备。即使不是小米系产品，小米 AI 音箱也可以通过米家智能插座、插线板、Aqara 墙壁开关、空调伴侣灯产品轻松控制。

第 12 章 加大核心技术研发，探索黑科技

小米 AI 音箱的发布，预示着小米拥有了一把打开智慧家庭与新零售的钥匙。

与早已是一片"红海"的手机市场不同，人工智能音箱的风口如今不过才刚刚开启。从风靡国外的亚马逊 Echo，到国内的喜马拉雅 FM 小雅、阿里巴巴天猫精灵 X1、联想 SmartCast+、小米"小爱同学"……越来越多的厂商都已经瞄准了 AI 音箱这个智能家居的重要入口。

据市场调研机构 Strategy Analytics 预计，2022 年智能音箱全球的出货量，将比 2016 年的 590 万台增长 10 倍，市场价值达到 55 亿美元。正是如此庞大的市场潜力，驱动着众多企业纷纷把智能音箱作为未来的战略发展重点。然而谁能成为这块市场的最终赢家，目前仍然是一个未知数。不过显而易见的是，小米并不想错过这次大好机遇。

软件方面

小米的人工智能系统被命名为"小米大脑"（Mi Brain）。此前，百度的人工智能系统被称为"百度大脑"。

现在，"小米大脑"在图片识别、语音识别、语义理解、意图分析等人工智能领域取得了显著的成效。比如，小米电视系统可以从海量的影视数据中提取特征，为不同的用户做精准匹配。而小米的人工智能电视系统——"PatchWall 拼图墙"就融合了"小米大脑"的多项技术。

还有 MIUI 系统，也会更加智能。

2017 年 7 月 26 日的小米 5X 发布会上，小米 MIUI 9 系统被推出。

相比之前 MIUI 的"大而全"，MIUI 9 着重提升了系统运行效率，通过 12 项黑科技对底层进行了优化，主打"快如闪电"；同时，还进行了史上最大规模的瘦身，精简了一些非刚需、极低频、用户量少的功能，共涉及了 50 多项系统功能；还深入打磨了三项用户最需要的创新功能：传送门、信息助手以及照片查找。

小米联合创始人、MIUI 负责人洪锋表示，MIUI 10 会比 MIUI 9 更智能，发展方向就是机器对话。而且，在人机对话之后，可以进行信息传递和信息的整合。

数据方面

小米数据的主要来源载体是手机和其他物联网 IOT 设备（即智能设备）。

手机方面。截至 2017 年 12 月，全球使用小米 MIUI 系统的用户超过 3 亿，MIUI 系统的语言版本有 55 个，覆盖的国家和地区达到了 142 个。

物联网 IOT 设备方面。截至 2017 年 12 月，小米已售出超过 8500 万个智能设备（不包括手机）。随着 IOT 浪潮的兴起，小米开始涉足用户生活中使用的硬件，包括电视、路由器、手环以及一系列来自生态圈的设备。

这些手机和智能设备被人们广泛使用，在使用的过程中就会产生大量的数据。小米会把这些数据汇集到一个数据工厂，每天的数据量高达 200TB。

通过对这些数据的分析、处理和挖掘，小米就能了解用户的需求，改进产品，或者研发更符合用户需求的新产品。

雷军将宝押在了人工智能上，下了很大的功夫。这是一盘大棋，值得他为此拼一把。

第 13 章

线下发力,扩充"小米之家"

"小米之家"是雷军新零售战略的重要支点。雷军的最终目的就是用互联网的方式来做线下零售,改善用户体验,提升流通效率,从而达到线上线下完美融合,开创出一种全新、高效的零售模式。这既是小米的出路,也是雷军的梦想。

下大力气扩充"小米之家"

2017 年 5 月 28 日

今天,"小米之家"上海怡丰城店正式开业。这是第 100 家"小米之家",被称为小米新零售道路上一个新的里程碑。

事实上,随着线上渠道的销量遭遇天花板,线上线下两条腿走路已成为手机厂商的共识,小米也不例外。

但是,小米到底该如何做线下渠道呢?以小米的价格体系,是很难支撑线下渠道的。

现在手机厂商在线下渠道上有两种合作方式:一种是以华为为代表,厂商与渠道商和分销商合作;另一种是以 OPPO、vivo 等为代表,采用的是合伙人模式。简单来说,它们在每个省都会有一个或几个渠道代理商,通常与集团总部交叉持股,但相比于前者,后者在利益上的绑定更为紧密。

这两种方式都给渠道留足了利润,这与小米"去掉一切中间环节"的理念完全相反。虽然线上销售遇阻,但雷军不想妥协,因为妥协则意味着小米要改

第13章 线下发力，扩充"小米之家"

变一直坚持的信念。雷军认为："你要做小米的产品，就得接受这种商业模式。"

经过不断的思考，以及长期的调研，雷军认为"小米之家"是解决线下问题的关键。这是一种COSTCO和无印良品的结合体，所有的产品都来自于小米和米家，SKU保持在20个左右，雷军希望"小米之家"能成为中国的COSTCO，"只要里面的东西是需要的，就不用考虑价钱，因为一定是性价比最高的"。

COSTCO我们前面已经讲述过了，这里就讲述一下无印良品。

无印良品是一个日本杂货品牌，其名字在日文中意为无品牌标志的好产品。它的产品类别以日常用品为主。无印良品最大的特点就是极简。它的产品拿掉了商标，省去了不必要的设计，去除了一切不必要的加工和颜色，简单到只剩下素材和功能本身。

雷军表示，小米的商业模式用通俗的话讲就是：小米要做科技界的无印良品，用互联网的技术和方法做线下零售，去掉销售的一切中间环节，保持高品质、高颜值、高性价比的产品特性。

"小米之家"承载着雷军拓展线下渠道的希望。它的主要特点是高效。曾经有人问雷军是否研究过OPPO和vivo的模式，雷军回答说不需要研究，因为他非常了解这种模式。他认为这与小米模式"是两个极端"，"它们在追求极高的毛利，小米是追求极高的效率"。

客流量是线下实体店的本质，而"小米之家"不仅卖手机、电视，还卖生态链的产品，并且这些产品的性价比都很高，这样就能吸引用户经常过来，从而保证了"小米之家"的客流量。"小米之家"每个月都会有新品，这会提高用户来"小米之家"的频率，也就提高了"小米之家"的效率。

在海淀区五彩城购物中心地下一层有一家"小米之家"。这家店开了没过多久，华为就在斜对面也开了一家专卖店。对于华为的店，雷军形容"一个人都没有，简直就是找虐"。在他看来，任意一家只卖手机的专卖店，都不能提高用户的购物频率，一年来一次，显然算不上高效的线下模式。

"小米之家"都是自营店，这种运营方式虽然成本高、模式重，但是可控性高。在雷军的心中，用户的体验才是最重要的。如果对店铺的控制降低，就很难保证服务质量。

雷军对"小米之家"充满了信心。截至2017年7月底，"小米之家"已经开了149家，覆盖四五十个城市。雷军表示，未来三年，要在全国开1000家"小米之家"。

"我算了一下，1000家'小米之家'的年营业额有可能达到700亿，这又将是一个强大的新零售模式的诞生。"雷军说，小米2017年的年营收目标是1000亿元人民币，完成这个目标的可能性很大。

对于"小米之家"的销售情况雷军很满意，他不无骄傲地说："星期天我都建议我的朋友别去逛'小米之家'，因为人实在是太多了，周一到周五去可能好点儿。"

雷军计划在2017年年底把"小米之家"开到200家。在微博上，他为"小米之家"做宣传："我们不是在开店，就是在开店路上。"

然而，有人却对此提出质疑。网上有一篇题为《雷军说要开1000家"小米之家"时，就知道小米更悬了》的文章，对"小米之家"的情况进行了分析，提出了四个问题：

第一，如何解决成本问题

线下实体店的店铺租金、装修费用、人员工资、运营费用等都不少。小米开如此多的实体店，如何消化这么大的成本？

第二，如何解决仓储物流问题

开如此多的线下实体店，小米必须要加大全国各城市间，同城各店面间的铺货、调货、库存，这又涉及不少人力物力和财力投入，绝非之前单纯做电商的仓储物流体系可以简单覆盖的。

第三，如何解决分流问题

小米的线下实体店新增加的用户，一方面是抢到了竞争对手的市场份额，但也极有可能是抢了自己线上的用户。这种把东西从左口袋倒到右口袋，而且还增加了巨大成本的事情得不偿失。

第四，如何解决线上线下的冲突

既然要开上千家线下零售店铺，那么小米在线上营销方面就会面临问题。比如限量抢购、预定、F 码等方式如何操作？总不至于去"小米之家"买个手机，也得排长队，先到先得，每天限量 100 部？

显然，小米的困境，并不仅仅是没有及时涉足线下渠道那么简单。如果消费者和米粉们依然如两三年前那么追捧小米，就算是只有电商渠道照样也能卖得很好！当消费者有了更多更好的选择对象时，光靠情怀是不行的。

小米的问题与几年前联想手机业务的情况非常相似。表面上看，联想手机当年是由于过分依赖运营商渠道，躺在功劳簿上睡大觉，错过电商渠道和线下消费渠道而导致失败；但实际上却是因为在产品设计、用户体验、品牌营销等方面没有做好，对市场和消费需求的变化缺乏敏感，从而被其他竞争对手完全超越的缘故。

小米走向巅峰后亦是如此，当年几款明星产品打天下，互联网思维全无敌，成功来得太快太容易，就会忘了思考：万一哪天不火了、市场变了、消费者审美疲劳了，怎么办？

显然，小米要自救，雷军必须还得思考出更多答案。

雷军的新零售模式

2017 年 3 月 4 日

今天下午,"小米之家"获得了由中国连锁经营协会主办的 2016 年度"中国特许经营奖"的新锐奖。

对于获奖,"小米之家"在其官方微博上表示,"小米之家"一直在"新零售"道路上不断探索,致力于为更多人带去科技的乐趣。感谢所有支持"小米之家"的人,2017 年会深化探索,努力做得更好。

随后,雷军转发了这条微博,并解释了小米新零售模式的含义。

雷军表示,新零售就是用互联网方式做线下零售,改善用户体验,提升流通效率。

"小米之家"能在线下以电商价零售,这就是新零售的力量。

其实,早在 2016 年初,雷军就提出,电商是零售业的一种,企业如果想进一步增长,重要的是怎么用电商推动零售变革,实现线上线下的联动。雷军所说的零售变革,就是新零售的雏形。

2016 年 10 月,马云在云栖大会上提出了"新零售、新制造、新金融、新技术、新能源"五"新"发展方向。对于第一个新——"新零售",马云表示:"纯电商时代将要过去,未来没有电子商务,只有线上线下和物流结合的新零售"。这样,"新零售"的概念正式确立。

第13章 线下发力，扩充"小米之家"

2017年3月份，在"两会"上，作为全国人大代表，雷军提出的三份议案中就有一份《大力发展新零售激发实体经济新动能》的议案。在这个议案中，雷军的具体建议有三条：简政放权与减政放权并重，为"新零售"提供效率保障；加大农村市场扶持力度，通过"新零售"实现"消费扶贫"；继续推进结构性减税，为"新零售"创造宽松环境。

雷军不止在高层推动新零售，更是在小米的经营管理中实践新零售。大力开拓线下渠道，打造"小米之家"，就是在尝试新零售的一种独特的模式。

新零售的本质就是高效

雷军认为，新零售的本质就是高效。如果传统行业做到互联网的高效，世界将会更美好。

许多人认为，小米高速发展后的跌落是电商发展遇到了天花板，而小米的重心在线上，线下渠道太弱，没有抓住三四线城市的换机潮。雷军也承认这是小米的问题，但在他看来，更大的问题是效率，只要效率提高了，任何方式都会赚钱。

"小米是一家极其追求创新和性价比的公司。"雷军说，"性价比的背后是推动中国的效率革命。"

雷军认为，中国经济的核心问题是效率太低。产品销售过程中，"市场、销售、渠道费用一样省不了，而且越来越贵"，租金的不断上涨就是一个典型的例子。

企业想要挣钱怎么办？"只有砍成本，所以产品越来越差，就得靠忽悠卖产品。"

"衬衫的成本是15～120元之间，但是进到商场就会加价10倍以上。"这种问题出现在各个行业当中，之前却并没有人能够提出合理的解决方案，显然，只靠产品的生产厂家或渠道乃至电商某一环节的变革不能完成，于是从产品、渠道到整个商业系统的变革就成为新的命题。

如何解决这个问题？雷军给出的答案就是新零售，用互联网的高效来做传统行业。

雷军认为，对需求饱和，只能靠广告、促销和渠道来催肥的线下模式来说，互联网带来的效率提升，能够使更多人用上更好的产品，这既符合"消费升级"的风口，实际上更是真正意义上的"供给侧改革"。

雷军用互联网的高效来做传统行业的载体就是"小米之家"。如果只是增加渠道本身并不能带来企业效率的提升，只能在短时间内提升产品的销售规模。而雷军的目标是效率，而不仅仅是提高销量。所以，雷军非常重视"小米之家"的坪效。

坪效是指每坪贡献的销售额（1坪=3.3057平方米），其实也就是指卖场中单位面积所创造的效益。很多时候，我们常常用每平方米销售额来替代，这样在统计分析时也更方便、更符合我们的习惯。对于零售企业的门店来说，坪效是一个非常关键的指标。

在2017上海国际商业年会中国消费经济转型升级高峰论坛上，雷军在主题演讲中透露，截至8月28日，"小米之家"线下店累计客流已经超过1570万人次，单店月均销售519万元，年坪效达27万元，年坪效仅次于苹果零售店。

颠覆"便宜无好货"的说法，好产品也能很便宜

雷军表示，自己要做小米的核心就是想改变"便宜无好货"的认知。这是他推行新零售的底气之一。

小米的主要成本是原材料、制造成本和研发成本，而在市场推广、广告、渠道层层加价里面几乎没有花钱。如此一来，小米的成本就要比其他品牌低很多，这是高性价比、高品质的保证。

另外，小米的供应商几乎都是苹果和三星的供应商，都是世界一流的供应商，而且是他们旗舰项目的供应商。公司初创期，小米的采购标准是"只买贵

第13章　线下发力，扩充"小米之家"

的不买对的"，因为雷军觉得作为一个中国公司刚创业，很多人不相信你，你必须要买最优质的供应商的服务才能让用户真正地认可你。小米正是有了优质的供应商，所以才有了优质的产品。

小米通过研发来分摊成本，降低成本。当产品的量足够大的时候分摊到每一个商品上的研发成本其实非常低。许多企业的研发很浪费，他们做100个型号花很多钱，而小米则是把几乎所有的钱砸在一两个型号上，然后卖到一个天大的数量。这样，分摊到每一个产品里面的研发成本就相对偏低了。

比如做手机。有家厂商花1000万人民币做一款手机，一年投10个亿做了100款。而小米直接砸1亿人民币只做一款，单款手机的研发投入是对方的10倍，但是总研发成本只有对方的1/10，小米卖的销量又是对方的10倍，这时候，小米分摊的研发成本会大幅度降低。

还有充电宝。2013年的时候，充电宝很火。网上有各种各样的充电宝，但质量一般，设计很丑，均价卖200多块钱。雷军认为，智能手机的使用频度越来越高，而电池是一个软肋，所以充电宝一定有市场。如果把充电宝做得又好又漂亮又便宜，一定会大卖。结果，小米很快做出了10400mAh的充电宝，全铝合金，Teri-1供应商的电芯，而零售价只有69块钱。这种顶级外观、顶级品质的充电宝，零售价只有同行的1/3。小米充电宝发布的那天，成了整个充电宝行业的噩梦。

雷军就是这样逐渐颠覆了"便宜无好货"的认知，为用户提供了质优价廉的产品。

消费升级不是卖得越来越贵，而是用同样的价格可以买到更优质的产品

雷军认为，消费升级不是卖得越来越贵。消费升级应该是跟美国一样，用同样的价钱可以买到更优质的产品，这是消费升级的核心。

为什么"小米之家"里面人山人海？因为用户可以用购买山寨机的价钱买

到高品质的红米手机。

小米的目标一直就是做到高性能，然后价格再比同行便宜一半甚至便宜2/3。小米手机是这样，小米生态链上的米家产品也是这样。在雷军看来，这就是小米的高效率，是小米做成线下渠道，大量建立"小米之家"的依据。

小米"小目标"：出货量1个亿

2017年7月7日

今天，在小米手机业务誓师大会上，雷军高调宣布小米手机第二季度出货2316万台，环比增长70%。这也是自成立以来，小米手机单季出货量的最高纪录。而且，雷军还为小米2018年定了一个"小目标"——手机出货量突破1亿部。

这是自2015年以来，两年多时间内雷军第一次如此高调。看来，小米终于低谷反弹了。

2015年，雷军信心满满地为小米定下了"1个亿"出货量的目标，最终勉强超过了7000万部。在总结年会上，雷军表示新的一年，小米的宗旨是"开心就好"。结果到了2016年小米再次下跌，出货量仅为5800万部左右。而在它之上的正是刚刚翻身崛起的vivo、OPPO和华为这三家。巧合的是，华为的手机总销量已经破亿，达到了1.39亿部。

现在，小米终于迎来了转机，雷军的兴奋可想而知，大有一扫之前两年多的"不OK"之势。

第13章 线下发力,扩充"小米之家"

雷军自豪地说:"这是小米发展史上意义非凡的重大胜利!世界上没有任何一家手机公司,销量下滑之后能够成功逆转,除了小米!""我们的征途是星辰大海!"

为什么小米能够成功逆转呢?主要有以下几个原因:

第一,技术创新见到成效

过去几年,小米持续加大了研发投入,硕果累累。"澎湃S1"芯片的研发成功,突破了手机芯片核心技术。从此,小米有了自己的"芯",不再受制于人。还有在相机、屏幕、电池等几个核心器件方面,小米也下了大功夫,取得了不少成绩。比如小米6光学变焦双摄的出色拍照效果,小米Max 2长达31天插卡待机的续航表现,这都是小米技术实力的体现。这些优秀的技术,都是赢得用户青睐的重要因素之一。

第二,供应链、质量管理得到加强

过去两年小米出货量下降,雷军把最主要的原因归于缺货,为此小米作出最大的调整,由雷军亲自主抓供应链。经历近一年的调整之后,如今的小米供应链管控得到了有效加强,小米手机的难抢程度大大降低就是证明。而且,雷军也说了,小米6真的不用抢了,全面供应。

同时,为了提高小米产品的质量,雷军亲自牵头质量委员会,经过十多次专项会议的讨论,制定了翔实的质量行动纲要,并组建质量办公室专门督办!雷军是下定决心让质量再上一个台阶。

第三,走对了精品战略

小米的产品线不再混乱,雷军开始走精品战略。2017年上半年小米也就发布了小米5C、小米6、小米Max2三款手机,其他的都是小改款。下半年小米也不会有过多的机型出现,要知道,过去一年小米发布了多达14款以上的机型。

第四，小米实现了线上线下的成功联动

作为一家互联网公司，电商是小米的立身之本。在线上，小米持续改善小米商城的购物体验，同时重视和其他平台合作，比如说，2017年6·18，小米在天猫、京东、苏宁三个平台都拿下手机销量冠军。

在线下渠道建设方面，截至2017年7月底，"小米之家"全国开店的数量已达149家，而且开一家，火一家，坪效在业内遥遥领先。

第五，小米的国际业务有了很大起色

小米一直在寻找海外市场的增长点，并为此进行了持续的投入和不懈努力。现在，小米的国际业务终于有了很大的起色。特别是印度市场，2017年上半年小米的业绩同比增长328%，市场份额已经排名第二，小米品牌成了印度最受欢迎的手机品牌，红米 Note 4X 成为当地最畅销的手机。同时，在印度尼西亚、俄罗斯、乌克兰等国家小米都取得了不错的成绩。

而且，与诺基亚合作，达成专利交叉授权协议，让小米进军欧美等主流市场更有了保障。

"米家有品"：发力线下，充实线上

2017年4月5日

今天，米家商城独立 App 上线，并更名为"米家有品"。这是小米的又一

第 13 章　线下发力，扩充"小米之家"

个电商平台，主要是依托小米生态链体系，延续米家"做生活中的艺术品"理念，同时引入第三方优质品牌商，力求为用户提供有品质的好物，共同打造有品质的生活。

在雷军的眼中，"米家有品"就是中国的 COSTCO。所以，"米家有品"走的是"精品"路线，同时，新品众筹也是平台的一大特色。

传统电商的突出特点是海量的 SKU，讲究大而全，用户需要自己花大量时间去筛选、辨别，品质也无法保证。而"米家有品"则是精品电商，用户不用过多地挑选，小米替消费者把第一道关，有专业的选品、品控团队进行各方面的评估，每个品类下面产品数量限制而且尽量差异化。而且，小米认为，相对少的 SKU，覆盖生活的方方面面，满足大部分用户的需求，这是未来垂直类电商发展的趋势。目前"米家有品"有十三大品类，覆盖家电、家居、手机、智能、影音、服饰、日用、餐厨、食品、出行、配件、婴童、文创等方面。

作为小米旗下的精品电商平台，"米家有品"延续了其做产品的重要价值观，高性价比、科技感和高品质。

首先，"米家有品"平台上的产品有很高的性价比。比如"米家有品"平台众筹的米家激光投影电视，超短焦、150 英寸巨幕、5000 流明、3000∶1 原生对比度，这些参数是对标市面上 10 万左右、最少也是三四万价位投影电视的，但小米做到了只卖 9999 元，而且在上线不到两个小时就卖出去 1000 万元，一天 2000 多台就售罄了。

其次，"米家有品"平台上的产品具有强大的科技基因。哪怕是一个床垫，都是用最新的科技，最新的材质，0 胶水环保材质，医用级物理防螨；一个内裤，也采用了微型窗技术，单向导湿，穿着干爽不粘身。

最后，"米家有品"平台上的产品具有高品质。小米的产品从供应链到设计都有专业完整的团队在把控，对品质有非常严格的要求。比如毛巾，国标优等品的吸水性不超过 10 秒就达标，而小米的则不超过 1.6 秒；普通毛巾的棉纤维不会超过 27mm，而小米的则不低于 38mm，从而保证毛巾的掉毛率近乎 0。

"米家有品"的上线，不禁让人们产生疑问：在线上，小米现在已经有小米商城、米家商城，为什么还要再做一个新的电商平台呢？

原来，"米家有品"一直是小米智能硬件控制中心"米家" App 中的一个子频道。用户购买智能硬件几乎都是从这个频道来进行。

其实，米家 App 实际上是一个"家庭管家"，它打通了小米生态链内大大小小的智能硬件。

用户可以在手机上，用一个米家 App 同时控制家里的电视机、智能摄像机、体重秤、台灯、空气净化器甚至电动牙刷、智能花盆等一系列产品，而不再需要为每一个智能设备单独安装一个 App。因此，从米家 App 诞生到现在，用户数量持续增加，很快达到了 6000 ～ 8000 万台设备联网，日活跃量达到 1000 万。这是一个非常可观的数字。

随着用户的增加，在米家 App 中，"米家有品"的成交额也在迅速增加，很快达到了 10 亿元人民币。而用户需求也从最初的耗材购买，发展到参与新品众筹，再到后来购买各种非智能硬件相关产品上，于是"米家有品"产品种类越来越广，承担起更重要的"电商"职能，这时"米家有品"就很有必要独立出来，成为专门的电商平台，并尝试连接更多非智能硬件发烧友群体。

可以说，"米家有品"是小米扩展边界的开始。由于小米和米家品牌更聚焦于科技电子产品，要想向外延伸，就需要引入更多供应商，而不再只是小米生态链企业。利用"米家有品"就能逐渐达到目的，引入更多优质的供应商。

2017 年 8 月 14 日，上线 4 个多月后，"米家有品"更改为"有品"，去掉了"米家"两个字。很显然，雷军想打造独立于小米之外的电商平台。他要把小米这个品牌与电商区别开，以达到保护小米的目的。

雷军打造的生态链产品大多采用了小米的品牌，诸如小米手环、小米移动电源、小米空气净化器、小米净水器等等，在短时间内迅速丰富了小米的产品

第13章 线下发力，扩充"小米之家"

品类。

可是，这样做使得小米的品牌定位逐渐模糊了，成为"杂货铺"，被人们质疑为盲目扩张。而且，由于小米生态链品类繁多，只要一个产品出了问题，就会对小米的品牌造成伤害。比如小米空气净化器，出了"质量门"事件，人们不只是认为空气净化器本身有问题，而是对小米这个品牌，以及小米系列产品都产生了怀疑。

所以，雷军有意去小米化，让"米家有品"独立定位，独立发展，走精品的路线。

"米家有品"是雷军对小米线上布局的进一步完善。雷军是线下线上两手抓，齐头并进，从而打造其完美的新零售模式。